ザ・ネクストバンカー
次世代の銀行員のかたち

浪川 攻

講談社現代新書

2534

はじめに

最新のＩＴ技術を活用した、顧客データベースに基づくマーケティングを導入――。銀行業界はしばしば、メディアを通じてこのようなＰＲをしている。だが、それによって顧客の満足度が高まったという話はほとんど耳にしない。むしろ、その逆のような話は事欠かない。不思議な現象である。

たとえば、最近、こんな話を耳にした。

有力外資系企業でバリバリ働いていたＭさんが長年の夢を実現したのは、10年ほど前のことである。独立し、飲食店を開いた。幸運にもオープン当初から稼業は順調で、近くに広めの店舗用物件が空いたため、そちらへの移転と、そのために必要な事業ローンの利用を考えていた。

そんなＭさんが住むマンションの郵便ポストに、住宅ローンも利用している、いわば家計メインバンクの銀行からのチラシが、毎日のように放り込まれるようになった。

「低金利時代。あなたの住宅ローンを低利ローンに借り換えましょう」

チラシにはそう記されていた。読んでみると、確かに随分と利息負担を軽減できる。借り換え説明会が土曜日にあるというので、彼女はさっそく出向いた。ちょうど事業ローンの相談もしたかったし、都合がよかった。「興味のある方は相談窓口にどうぞ」。そんな銀行員の誘いを受けて、彼女は窓口で手渡された用紙に氏名、住所等々を記入し、担当者に渡すと、ニコニコ顔の銀行員の顔が突然、変わった。そして、こう言い放った。

「自営業の方はちょっと借り換えに応ずるのはむずかしいです」

一瞬、何を言われたのか、意味がわからなかった。既存住宅ローンはこの銀行から借りている。独立して10年間、一度も滞納などしていない。なのに、なぜ、門前払いのような扱いを受けるのか。彼女は席を立つとき、思わず言葉を吐き捨てた。

「だったら、飲食業の自営業者の自宅に借り換えのチラシなど入れないでください」

彼女は、できれば、他の銀行に預金口座を替えて、事業ローンも他の銀行に相談に行こうと真剣に考えている。Mさんの返済実績などに見向きもせず、住宅ローンの借り換えを謝絶しただけの銀行がせっかくのチャンスを失うことになるのはまちがいない――。

歪んだ金融ビジネスの質

おそらく、銀行の担当者はマニュアル通りの受け答えをしたのだ。銀行員としては規定通りの正しい対応に徹したにすぎない。マニュアルでは相手の返済実績、あるいは、これからの返済能力を考えるよりも、「個人事業主は対象外」という対応を規定しがちなので、杓子定規に応対したのだろう。が、それによって顧客の信頼を失った。

銀行の営業店運営を構成要素で分解すると、営業目標とマニュアルである。営業現場の銀行員たちは、この二つのレールの上を走り続けてきた。それが銀行員人生を恙《つつが》なく送るための条件だったともいえる。だが、この二つのレールはいま、見直されなければならない時期を迎えている。それを促しているのは、社会の劇的な変化である。

本部が半年ごとに営業店に課す営業目標と業績評価はきわめて精緻な内容になっている。取り扱う商品ごとに区分けされ、達成度合いの評点が張られ、その合計点数でその営業店の成績が順位付けされる。営業店のトップである支店長や支社長は、自らの店に課された目標額を営業担当者一人ひとりに配分する。あとは、担当者たちが月割りされた目標を達成するために毎日、走り続ける。

ただし、走るにもルールはある。それがマニュアルだ。銀行はマニュアル文化である。均一的なサービス、商品の提供が必要だからだった。

そこに時代の変化が訪れる。顧客ニーズの多様化である。銀行はそれに合わせて商品、サービスを次々に編み出した。マニュアルも膨大化し、揚げ句は、該当するマニュアルを探すためのマニュアルまで本部が策定するようになった。

わが国が高度経済成長期にあったころ、この二つの業務インフラは理想的に機能したともいえる。社会的なニーズはさほど多様化せず、単一的な需要を取り込むには、規模拡大の目安である営業目標と、あとは画一的なサービス、対応を定めたマニュアルがあれば足りたからである。とにかく、余計なことは考えずに走り続ければよかった。いわば、営業目標とマニュアルは銀行員が深く考えないためのツールだった。

しかし、高度成長はとうに終焉し、低成長、成熟社会が訪れている。社会は多様化し、銀行は「問題解決業」を自負するようになった。ところが、前例踏襲型のマニュアルが未だ金科玉条のように存在し、時間を要する「問題解決ビジネス」に集中することを許さない営業目標が半年ごとに営業現場に課されてきた。

２０１８年４月に上梓した拙著『銀行員はどう生きるか』（講談社現代新書）では、日本の銀行のビジネスモデルがすでに老朽化し、それを変えるのがデジタライゼーションの活用であるという銀行革命の行方を追ってみた。老朽モデルは高コスト構造を蔓延化させ、その膨大なコストを賄うために金融ビジネスの質が歪められているという実情も報告した。幸いなことに、多くの読者から共感を頂き、その後、徐々に銀行業界では改革へのチャレンジが広がり始めている。

たとえば、店舗改革がその一例だ。

地銀でも始まった新型店舗

前著では、三井住友銀行の中野坂上支店を一例にあげながら、重厚感があって多くの銀行員が働く従来型の店舗が、少人数の軽量小型店舗に劇的に切り替わった状況を紹介した。同銀行はこの路線を疾走し続け、２０１９年度末まではすべての店舗を切り替えていく。三菱ＵＦＪ、みずほもほぼ同様の路線を歩み出そうとしている。

地域銀行でも動き始めた。りそな銀行や愛媛の伊予銀行などである。伊予銀行は繁華街から離れた地域の店舗を統合し、デジタル技術を駆使した新型店舗に衣替えさせた。店内に入ると、一瞬、「ここは何の店なのか」と戸惑ってしまうほど、従来型の銀行店舗とは異なっている。同銀行はこの店舗で業務運営も劇的に変革し、業務コストが前年に比べて、どの程度軽減できているのかを計測し続けた。その成果を踏まえて、２０１９年度は同様の店舗を拡充させていく。

この店舗改革は生き残りを賭けた変革の象徴といえる。コスト削減は焦眉の急だからである。だが、それは銀行革命の本丸ではない。砦の築き方は大切であっても、より重要なのは、その砦でいかに戦うかである。要は、銀行員の働き方次第だ。銀行革命とは銀行員の働き方改革にほかならない。

前著を上梓して以後、その視点から、営業現場で汗を流す多くの若手銀行員たちと対話を重ねてきた。ほとんどの人たちが口にするのは日々の悩みだった。たとえば、ある地銀で働く30代の男性銀行員はこう訴えた。

「過剰な営業目標に押しつぶされる。絶対に達成できないほどの高い水準であるにもかかわらず、達成せよと命じられる」

また、別の男性銀行員は「なぜ、本部から課される現実離れした営業目標を上司たちは跳ね返してくれないのか」とぼやいていた。

毎月末が近づくと、顧客に頭を下げて投信を買ってもらい、あるいは、必要もない融資枠を設定してもらう。顧客からは「仕方がないな」と言われ、肩身の狭い思いをする。なかには、「君は真面目で協力してもいいが、どうせ、1年後、転勤していなくなるのだろう」と突き放されることもあるという。

結局、顧客は胸襟を開いてくれず、銀行が自負する「問題解決業」とは程遠い毎日を送るしかない。理想を抱いて銀行に入社した者ほど疑問を募らせている。

顧客から相談を受けることがあっても、上司からは「マニュアルを読め」「マニュアルにないことはできない」と一蹴されれば、一挙にやる気が失せる。顧客に「すみません。ご対応できません」と頭を下げるしかない。

いまのデジタル化以前に広がったIT化の波も、銀行に変化をもたらした。しかし、それは、従来型の営業目標と業績評価をさらに精緻化させ、あるいは、マニュアルのペーパーレス化をもたらしただけであり、結局、改革とは異なる従来路線の徹底化にすぎなかった。営業現場は、より走り続けることを迫られて一段と余裕を失ってしまったのではなかったか。

「なぜ、上司は本部の要求を受け入れてしまうのか」

若手銀行員のこの言葉は、本部が上で現場が下という構造のなかで上意下達に凝り固まっている銀行の実態を物語っている。しかし、本来、世の中の変化、顧客の動向を最も察知できるのは現場である。上意下達はマクロ経済が自然と高く成長した時代には効率的だったかもしれないが、成熟社会のなかでは、組織の硬直化を生み出している。

上意下達を撤廃する動き

とはいえ、この本丸にも、ようやく、改革の波が押し寄せ始めている。それが「脱ノルマ」の動きである。

営業目標とノルマの違いを仕切るのは、その達成へのプレッシャーと人事評価である。「ウチの銀行はノルマではなく営業目標と位置付けている」と言っても、本部が支店長に、そして、支店長が部下たちに強烈なプレッシャーを掛けて、最悪のケースでは、あのスルガ銀行事件の「達成できなければ、ビルから飛び降りろ」というようなパワーハラスメントを振るえば、もはや、それは営業目標ではない。明らかなノルマである。

　興味深いことに、「脱ノルマ」の動きは、店舗改革と平仄《ひょうそく》が合っている。デジタル化による店舗改革に踏み切った銀行ほど、「脱ノルマ」あるいは「目標設定のあり方の見直し」に動いているからである。たとえば、三井住友は2019年4月、個人向け営業、つまり、リテール部門で個々の営業担当者に課してきた営業目標を廃止した。伊予銀行は、営業目標を営業店の申告制として、その目標をどのような商品販売で実現していくのかは営業店が独自に考えて取り組むという方式に変えている。要するに、上意下達の撤廃である。

　そうした動きのなかで、俄然、注目されることになるのが営業現場のトップ、支店長や支社長である。

　銀行業界では長年、支店長は「一国一城の主」として、若手銀行員の憧れの存在だった。かつては、支店長の正確な判断力が、資金繰りに苦しむ中小企業を助けて、その後、この企業が成長する道を拓いたというような伝説が語られてきたのも銀行の営業現場である。だからこそ、若手銀行員は支店長に憧れていた。

ところが、その伝説のような話題は近年、薄れかかっていた。時代にそぐわない旧態依然としたビジネスモデルの下で組織が硬直化し、「目先的な目標を必達せよ」という圧力が強烈に増し続けたからである。伝説を生む土壌が干からびつつあったのだ。「上司はなぜ、過剰な営業目標を課す本部の要求を跳ね返してくれないのか」という若手銀行員の嘆きの背景もここにある。

次世代の銀行員像を描き出す

しかし、ようやく、「脱ノルマ」の動きが銀行業界で見られるようになった。その理由を一言で論じると、経営が「現場のチカラ」を信じるという発想に変わってきたからだ。これはビジネスの原点でもある。

いうまでもなく、顧客を知り、生きたビジネスを肌で感じているのは現場にほかならない。顧客に精通しない本部が、ビジネスから遠い場所で観念的に考えたマニュアルを作り上げ、営業目標を策定し、マーケティングシステムを運営してきた時代の終わりの始まりと言ってもいい。

そこで、やはり、注目すべき存在となるのが、営業現場の主柱というべき支店長、支社長という人たちなのだ。幸いなことに、厳しい収益環境が続くなかにあっても、独自のスタイルを築き、顧客、部下から絶大な信頼を集めてきた支店長、支社長はいる。コンプライアンス、業績評価が厳しくなるばかりで、支店長の責任の重みは格段に増している。中堅クラスの銀行員の間で、「下手したら、支店長にされてしまうぞ」という笑い話が半ば真剣に交わされるほど、支店長はつらい立場にもなっている。

しかし、デキる支店長たちは、そんなことはどこ吹く風とばかりに、自己流の支店長道を貫き続けている。それは、顧客を守り、部下たちを守り、育て上げることにほかならない。

このままでは銀行はなくなってしまうのではないか――そんな〝漠とした不安〟に「惑わされるな」と檄を飛ばす「レジェンド支店長」が決して忘れない、若き銀行員だったころのつらかった日々。本部と対立してまでもノルマを撤廃し続け、しかも、着実に実績を積み上げてきた「奇跡の支店長」の胆力。「部下を守るには本部と戦うしかない」と息巻く「尖った支店長」の知られざる極意……。辣腕支店長たちには心に秘めたストーリーが必ずある。

本書はこれまでの銀行の常識に疑問を呈するとともに、組織運営と人材育成のヒントにまで踏み込んだ2部構成になっている。どうすれば着任3ヵ月で支店の雰囲気をガラリと変えることができるのか？　組織を底上げするための方法とは？　支店長は本部のいいなりでいいのか？　若手銀行員とはいかにしてわかりあえるようになるのか？

この本には、銀行員はいうまでもなく、営業現場を預かる人、あるいは、これからその立場に向かう人にとって、貴重な体験談が語られている。やはり、支店長など現場のトップはカッコイイ人たちでなければならないのだ。本書がこれからの銀行、金融業界を支えていくみなさんの羅針盤となりえたら、幸いである。

目次

おわりに

〈おことわり〉タイトルの肩書および年齢は取材時のものです
写真：小川光（奥山氏・河原田氏・飛田氏・右田氏）、福森クニヒロ（川井氏）、中村將一（正岡氏）

第1部

これまでの「銀行の常識」を疑え

――伝説のバンカーが指南する支店長としての覚悟と矜持

1　〝漠とした不安〟に惑わされるな

みずほ銀行　執行役員　奥山誠一

10年、20年で法人営業はなくならない！

銀行員、冬の時代と言われている。日銀のマイナス金利政策の長期化で収益力は萎え、デジタル化の波が押し寄せて銀行員の仕事を奪うという話がしばしば語られる。なかには、将来の不安から転職を準備する銀行員もいる。

だが、そんな環境でも、熱い心の銀行員はいる。とりわけ一国一城の主、支店長には厳しい収益環境やＡＩも吹き飛ばすような辣腕バンカーたちが多い。しかも彼らは、いずれも極め付きの人間臭さに溢れている。

「確かに、今、銀行員は厳しい立場にあります。ただし、かつての金融危機などのときとは違う質の厳しさです。若手クラスは危機感を持っていますが、それは、デジタル化などによって、今後、どんな状況が訪れるのかがわからないという、漠とした不安感ですね」

こう語るのは、みずほ銀行の執行役員で東京中央支店東京中央第二部長を務める奥山誠一氏（53歳）だ。彼こそ、みずほ銀行が誇る法人営業のレジェンド支店長である。

昨年以降、メガバンクはデジタル技術を活用する業務の効率化や人員削減を打ち出した。みずほグループも10年間で1万9000人の自然減によって人員削減する予定で、多くの銀行員が不安を抱えている。

「そこで、僕はつねづね、若手職員たちにこう言っています。『AI（人工知能）などがいくら進化しようとも、フェイス・トゥ・フェイスのRM（リレーションシップ・マネジメント）の法人営業は10年、20年でなくなるような世界ではない。惑わずにお客様に尽くせ』と」

融資など厳しい競争の現場を担っている奥山氏の口調には熱がこもるが、力みはない。心の底からそう信じているからだ。

いかつい。身長は180cm近い。いかり肩、色黒、短く刈り込まれた頭髪、野太い声質——。どう見てもコワモテである。テレビドラマなどに、しばしば登場する怜悧でスマートなイメージの銀行員像とはあまりにも遠くかけ離れている。

「コワモテ？　そんなことはないですよ。でも、新たな拠点に着任するたびに、職員たちは僕に関する情報を事前に収集していて、かなり、ビビっている。『なんか、とんでもないやつがくるぞ。大変だぞ』と（笑）。噂に尾ひれが付いている面もあるのでしょう。実際に付き合えば、それほどこわくはないとわかると思いますが……」

法政大学卒。東大・京大・早慶出身者がメインストリームを歩く銀行業界で執行役員にまで上り詰めるのは異例のこと。行内でも噂が飛び交う「伝説」の支店長なのだが、辣腕ぶりは略歴を見ただけでわかる。地方店の支店長から始まって、なんと現職まで5つの部支店長をこなしてきた。いまや、銀行業界において、これほどの支店長キャリアを積み重ねた人物はほとんどいない。

〝銀行のルール〟なんて変えてもいい

「僕はみずほで最もお客様訪問している支店長でしょう。これはたんに通ったというだけではなく、スピードを意識しながら、より難易度の高い案件に取り組んできたということ。通い続けると同時に本部を説得し続けている。大きな融資案件となれば、本部を説得するのに1年がかりということもある。とにかく、みんな『銀行のルールはこうだから、それはできない』と、すぐに言いたがる。しかし、そんなルールは何年前に作ったものなのか。お客様のためになるのであれば、ルールを変えることも含めて考えたらいいだろうと。部下にも『できないではなくて、どうやったらできるのかを考えなさい』と説きます」

どうみても猛者である。が、たんなる荒くれ者ではない。

「業績の良い支店と不振店は、働いている職員たちの顔つきやふとした仕草で、楽しく仕事をしているかどうかがすぐにわかりますね。不振店は職員たちの眼差しが輝いていない。店の空気がどんよりとしている。同じように、日々の仕事の中で、職員が問題を抱え込んでしまった気配もいち早く感じとります。目配り、電話の応対のしかた、話し声、身だしなみ、髪型等々、ふだんと違えば、『あれっ⁉』と思います」

剛胆そうでいて、なかなか繊細なのだ。この感覚はどこで育まれたのか。ひとつは、彼が自他共に認める体育会系人間であることかもしれない。法政大学第二高等学校時代は名門の野球部に所属していた。

「3年生のとき、チームは念願の『夏の甲子園』出場を果たした。巨人で活躍した柴田勲さんが投手をやって出場して以来、21年ぶりの快挙でした。僕は外野手でしたが、ベンチ入りできず、アルプスで応援していました」

レギュラー入りできずとも、厳しい練習に耐えた。チームプレーに徹して、一球一打に全神経を集中することが体に刻み込まれた日々だったにちがいない。その感覚は支店長の仕事にいかんなく生かされている。その象徴と言えるのが「俺たちの十ヵ条」と銘打たれたもの。

「自分で考えて作りました。僕は体育会系人間なので、やはり、行動指針のようなものが好きです。それで、『十ヵ条』を作って、僕の席の背後にある掲示板にダンと思いっきり貼り出しています。その各項目を具体的な行動に落とし込んだ『俺たちの十ヵ条　具体的な行動集』も作って、部下一人ひとりに渡している。経験則から、これはとてもいいと思っています」

その十ヵ条をながめると、「一、挨拶は大きな声で。伝わっていなければ相手は不快になる」「二、嘘をつくな。相手にも、そして自分にも」等々の文面が並んでいる。まさに、高校野球部の部室や寮に、監督が貼り付けていそうな訓示である。

「MVP制度」のコツ

暴力沙汰など不祥事が頻発し、「体育会系」的な発想が否定されがちな世の中だ。しかし奥山氏にとってはそんな風潮はどこ吹く風である。もうひとつの奥山流秘策「MVP制度」を語りだした。

「夕方、部下たちが外回りから戻って報告に来るので、そこで夕礼をします。全員に僕の前に集まってもらう。そこで、その日、自分が取り組んだことを紙に記入させ、代表者に発表させたうえで、僕が『今日のMVPはA君です』と決めて、壁に貼ってある月間の日程表のなかのA君の名前の場所にマルを入れていく。月間で最もマルの数が多かった者は、翌月、僕と飯を食べに行くご褒美がつく。本人がそれを喜んでいるかどうかはともかく、これをやり続けています」

いったい、選定の基準は何なのか?

「明確な基準などありません。というのは、あまり実績が上がっていない子でも、一生懸命にお客様を回って、ちょっとした情報をつかんできたら、とても褒めるし、それで実績を上げたら『マルは1個でなく3個だな』と、その辺はすべて、その場の雰囲気に合わせたアドリブ。しかも、マルの数を賞与の評価に反映させるからと言っています。いわば、見える化です」

そう言うのだが、「見える化」で、かえって落ち込んだり、ぐれたりする行員はいないのか。

「ぐれません。ぐれそうになったら、手を差し伸べます。『お前、このところ、頑張ったからMVPだよ』って。とにかく、支店長たるもの、部下全員のちょっとした変化でも見逃してはいけません」

「今の銀行では体育会系は不適」と論ずる向きも少なくない。そう水をむけると、俄然、力のこもった声が返ってきた。

「いや、今の時代も体育会系はあり、でしょ。もちろん体育会系でなくても、熱心に取引先を回っていますが、お客様からすると、体育会系はわかりやすい。3年程度で異動する転勤族の銀行員としては、お客様と早くわかりあえたほうがいい。わかりやすさは大切です」

シンプル・イズ・ベストというわけである。確かに、奥山氏が語る内容も簡単明瞭だ。支店長として心掛けてきたことは、と問うと、「顧客接点、スピード、新規」と即答した。

「僕は、新しい支店に着任すると、まず、新たな部下たちに『今の2倍の業績を上げるにはどうすればいいか』と質問する。すると、たいていは『お客様の経営課題をとらまえて、仮説を立てて、それに対するソリューションをご提案して……』という教科書的な答えをする。座学の研修はかなり受けてきたのでしょう。そこで僕は『もっと簡単なことがあるよ』と言っています。本当に簡単で、お客様と会う件数を従来の2倍にすればいい。そうすれば、お客様からの相談を訪問数に比例して受けることになる。相談を受けてから大事なのがスピード。それもお客様が『もう結論が出たのか』と驚き、感動してくれるような圧倒的なスピードです」

銀行の商品、サービスはどこも似たり寄ったり。独自性を出すことは容易ではない。決め手となるのは取引先と会うことで生まれる信頼だ。

〝絶対に怒らず何でも話を聞く日〟の効果

奥山氏はいままで、この鉄則を職場に浸透させて実績を伸ばし続けてきた。だが、そんなやり方を今どきの若者たちは素直に受け入れるのか。

「初めは動きませんね。むずかしいことではなく、地道な営業こそ大事ということですが、『何を言っているのだ、この人は』というムードです。『はい、わかりました』と口では言っても本当に理解しようとしていない。そこで、騙されたと思って、とにかく、やってこいと繰り返します。半年、やり続けて結果がでなかったら、俺はもう何も言わんから、とにかく、やってみよと。実際、必ずと言っていいほど結果が出て、みんなの目の色が明らかに変わってきます。もう、そうなると、かわいい部下ばかりという感じになります。十ヵ条の行動指針を守っている限り、業績が上がらずとも叱ることはありません。でも、それを守らなかったら、僕はとてもうるさい」

なかでも、最も怒ってしまうのはウソをついたり、ゴマカシたりしたときだという。

「これはお客様に対しては当然のことですが、行内においてもそうです。たとえば、お客様から相談された案件を自分一人で抱え込んで、職場の誰にも相談せずに放置して、結局、お客様には『ちょっと難しいです』と。こんなことがあれば、わかったときに、すぐにその場で怒ります。それから、ウソをついたりするときは、往々にして、その子が着実に日々の仕事をこなしておらず、それで仕事に追い込まれてしまっているケースが少なくない。そんな泥沼に陥らないように、なんでも報告できる環境を作っていく。あるいは、そんな気配があれば、深刻化する前に救いの手を差し伸べるのも支店長の大事な仕事です。

ちょっとした変化を感じたら、こちらから声かけをするし、部下には仕事をため込むなと常に言っています。ただし、それだけでは足りないので、たとえば、夕礼のときに『明日は金曜日で、もうすぐ土日の休みだ』とか、『楽しい夏休みが近づいている』と話をふって、『せっかくの休みに悶々としたくないだろう。明日だったら、報告し忘れた書類を出してきても絶対に怒らないで何でも話を聞くから』という日を作っています。しかし、あくまでも、これは不定期で予告なし。定期的にすると、その日を待つようになるから。実際に出し遅れた報告書などがパラパラと出てきますよ。そんなときは、『俺、怒らないと言ったから怒らないけど、次はきちんとやってくれよ。頼んだぞ』と。それくらいのことは言います。ガス抜きのようなものは大切ですし、かりに怒っても、その夜は、みんなで飲みに行ったりします」

2ヵ店目の行員が要注意な理由

分け隔てなく皆に目を配る奥山氏だが、とりわけ注意深く接する行員がいる。

「とくに心配するのは入行2ヵ店目の行員です。入行した店とは異なって、初めて一人前扱いされるけど、まだ力はなくて仕事がつらく、職場の人間関係ができていない。上司がどういうタイプかわからない。周囲の誰に相談してよいのかわからない。そんな時期が2ヵ店目だからです。2ヵ店目という若手が異動してくると、僕は初めの3ヵ月間、とても注意深く見守るようにしています」

これには、苦い経験がある。初めての支店長となった清水支店のときの出来事である。

「入行店の若手職員がいました。彼は、とても頑張る若者であり、しかも、仕事をきちんとこなしてよい仕事ぶりでした。そこで、私は彼を東京にある大店《おおだな》の老舗の支店に異動させました。とても歴史が古くて大企業、老舗の中堅企業などを取引先としている支店です。彼ならば、そこで様々な経験を積んでさらに成長できるだろうと判断したのです。しかし、この私の考え方は完全に間違っていました。彼は異動後、その2ヵ店目の仕事になじむこともついていくこともできず、悩み続けて、結局、退社してしまいました。私のもとにも挨拶に来てくれましたが、私は申し訳ない気持ちでいっぱいになりました。そんな過大な期待をせずに、ゆっくりと成長を見守ってあげるようにしたら、彼は悩むこともなく、もちろん、退社することもなかったはずですから。幸いなことに、いま、彼は公務員試験に合格し役所に勤めていますが、初任の支店長として力み過ぎたと、今も反省しています」

力不足だからといって、簡単に見切ってはいけないし、高く買い過ぎても逆効果になる――奥山氏はその失敗を教訓として脳裏に深く刻み込んでいるが、実は、この「2ヵ店目」説には彼自身の実体験も関連している。百戦錬磨の名支店長も、入行2ヵ店目では苦渋の日々を送っていたのだ。

「1987年に入行して初めての支店は神奈川県の平塚支店でした。ここでは、ちやほやされながら仕事を教えてもらっていた。そりゃ、楽しいだけでした。ところが、入行3年目で初めての異動先である大久保支店に異動したとたん、状況はガラリと変わりました。一人前とみなされ、実績を上げないといけないというプレッシャーを感じるし、取引先からは前任者と比較される立場になる」

当時も銀行は大きな変革期だった。営業店では、仕事の主軸が「期日指定定期」などの預金集めから融資案件の獲得へと変わった。融資が目標化されたばかりの時代である。

「大久保支店は新店舗なので既存顧客はいなかった。したがって、毎日、自転車に乗っての新規開拓です。しかし、20件、30件と回り続けても、最初は何の情報も取れなかった。それが3ヵ月、4ヵ月と続きました。毎日、支店長に報告するものが何もない。『どこをふらふらしていたのだ』と怒られ続けました。そこで、なにか報告しないとまずいと思って、ちょっとしたことを針小棒大に話してしまう。結局、それが自分の首を絞める。支店長から『あの案件はどうなったのか』とトレースされると、『あれはこうです』と、またその場凌ぎ。『ウソをつくな』と再び怒られる。半年ほど、そんな日々が続きました。朝、出勤のとき、新宿駅で山手線を降りないで、一日中、ぐるぐると回っていようかと思ったこともありました」

営業で苦労したことがある人間であれば、痛いほどわかる話だろう。

「仕事が面白い！」――その快感を味わわせる

「優秀な同期がいて、その同期がポンと実績を上げて、周りが『やはり、優秀だな』と囁き合っている気配を感じて、完全な自己嫌悪というか、自信喪失の状態。でも、救いだったのは外回り自体が嫌ではなかったこと。それで、支店に戻るのは嫌だったけれど、ひたすら訪問をくり返しました。半年すぎたころ、ある一社からポコンと仕事がきた。他の銀行から肩代わりの法人向け融資です。顔が売れてきてお客様がそろそろ、あの子に相談してみようかというタイミングだったのでしょう。ホッとしましたが、それ以後、どんどん仕事が獲れて、結局、転勤するまで支店ナンバーワンの実績を上げ続けることができた。もちろん、仕事が面白くなりました」

まさに逆転のクリーンヒット。奥山氏は自身が味わったこの快感を若手にも経験させたいと願っている。十ヵ条、MVPもそのために編み出したものだが、「奥山流」はそれだけではない。詳細な「スコア」である。

「僕はとにかく、メモ魔なんです。部下に指示したことは必ずメモをするし、たとえば、部下との面接でも内容や指示したことはすべて記録として残し、データをストックしています。僕は支店でデンと座っているような支店長ではない。率先してお客様回りをしているし、たとえ1000円であってもご融資するときには、僕自身が必ずお客様のところにお邪魔するようにしています。そうしない限り、社内の稟議書は決裁しません。お客様のところに単独で訪問した際のやり取りも重要なポイントはすべてメモしてデータとして残す。転勤のとき、後任者に引き継ぎする際にそのデータフアイルを渡せば、僕がどう動いてきたのかわかりますから」

まさにプレイングマネジャーであり、顧客、部下の微細な息遣いまで見逃さないスコアラーでもある。やはり、圧倒的な体育会系なのだ。

「最後の最後までお客さまのために。お天道様はいつも見ている」

奥山氏の背後にある「俺たちの十ヵ条」。最後を締めくくるのはこの言葉である。

2 「ノルマ撤廃」で顧客満足「最大化」を目指す

三井住友銀行 常務執行役員 河原田岩夫

まさに銀行の掟破り

「銀行業界、厳しい収益状況」。このところ、こんな暗い見出しが新聞紙面をにぎわせてばかりだ。いきおい、多くの銀行では、業績底上げに向けて、本部から営業現場へと「収益目標必達」の檄が飛んでいる。銀行業界で連綿と続く、上意下達的な目標管理、ノルマ主義である。

だが、なかにはそんな業界の常識を無視する男もいる。本稿では、独自の判断で部下へのノルマを撤廃し、かつ、実績を積み上げてきた「奇跡の支店長」を紹介する。

「我ながらよく生き残ったなと思いますよ。当行は懐が深いとしか言いようがない」

微笑みを浮かべながらこう語るのは、河原田岩夫氏（55歳）だ。三井住友銀行で西日本地域の法人営業部門を担当する常務執行役員である。

多くの銀行員にとって、あこがれのポジションである支店長のさらに上にいる。そんな人物が「よく生き残った」と話すのには理由がある。河原田氏は、4つの法人営業部長を務めてきたが、法人営業に関する銀行の常識を覆すような取り組みを貫いてきたのだ。

「収益目標の撤廃」である。

「私は十数年間、担当者別、グループ別の収益目標をまったく策定していません。いわゆる、ノルマがない世界ですね」

本人はさらりと言うが、これは常識を覆すというようなレベルを超えて、銀行の掟破りに近い。温和な表情で、外連味を感じさせない。確信犯か。いや、信念の人である。

河原田氏にとって、ノルマ撤廃は目的ではない。

「お客様に価値のあるサービスを提供し、お客様とともに発展する」「事業の発展を通じて、株主価値の永続的な増大を図る」「勤勉で意欲的な社員が思う存分にその能力を発揮できる職場を作る」という理念のためなのだ。

といっても、銀行業界でノルマ達成に明け暮れている人には机上の空論のように思えるだろう。そこで、「証拠物件」を紹介しよう。

「三井住友銀行の法人営業」というタイトルが打たれた冊子。分量はA4サイズで約20ページに及ぶ。河原田氏の手によるノルマなき営業の正しさを理論づけた手引書である。だが、その内容は「本当に銀行員が作ったのか」と思うほどのコペルニクス的な発想の転換がある。

「社外秘の部分もあるので……」と断りながらも、コピーを見せてくれた。

たとえば、「計数中心の営業体制からの転換」という項目には「担当者別、グループ別の収益目標は策定しない」と明記し、その下には「担当者は計数目標のための仕事はしない（中略）グループ別目標もグループ間の高い壁となり情報共有に支障、計数中心の仕事からは付加価値が生まれない」とその弊害を列挙している。

また、「経営理念実現のための部店運営」という項目の中には「計数打ち合わせ、ネタの進捗トレース、ネタの積み上げ等、付加価値を生まない業務は不要」「プロセスを評価することが大切、帰店報告で計数の報告を求めない」などの文面が並ぶ。

目先の目標未達を恐れない

近年、多くの銀行が新規顧客獲得に傾斜しているが、「河原田ペーパー」は「既存顧客の満足度向上が重要かつ最優先＝既存先の風評が新規先に伝播」とし、既存顧客から得た評価が伝わって新規顧客の獲得につながっていくという道理を説いている。そのためにも、「既存顧客では飯が食えない（先細り）という銀行本位の典型的な発想からの脱却」が必要と説き、その一方で「重要な新規顧客は中長期的なアプローチで勧誘し続けていくことは重要」と位置付ける。

顧客からの評判に頓着せず、銀行の希望を押し付けて実績を上げがちな風潮や、新規顧客からも目先の収益を求めがちな土壌に明確な楔を打ち込んでいると言える。

とにかく、ほぼ徹頭徹尾、銀行の営業現場で行われてきている目標管理方式を否定している。しかし、ただ否定しているだけではない。代わって、「あるべき姿」を提示し、それを実践してきたのが河原田氏なのだ。

「計数目標による管理は、結局、管理者にとって楽なのです。内容ではなく結果で管理したほうが簡単で安心できるというわけです。でも、本当に大切なのはお客様にとって価値のある仕事をしているかどうかです。

銀行の営業はとてもおもしろい仕事です。世の中には悩んでいる方が大勢います。いまその悩みはますます複雑化しています。そのさまざまな悩みをその階層に応じて、銀行・信金・信組などが、お客様と一緒になって解決していく。これは本当にやりがいのある、すばらしい仕事です。

その結果お客様は満足し、その対価として銀行は収益を上げることができるのです。ところが皆、なかなかそれを徹底できません。なぜか。『本当に計数目標なしで走って行ったら、結局今期の目標が行かないのではないか』という恐怖感があるからです。本気でやる前から、怖いので皆やらないのです。しかし私は十数年前から本気でやってきました。それは顧客満足の最大化が、我々の収益の極大化につながるという確信があるからです」

「まるで昭和」な社内行事を開催

この「河原田ペーパー」の文言はすべて自分で考えている。内容はことあるごとに改訂しているものの、基本理念は当初から変わっていない。新たな支店に着任したら、すぐに全員にこの冊子を配付する。営業担当者だけではなく、事務などを担ってくれている女性職員全員に配り、さらに一人ひとり、1時間ぐらい費やして自らの考え方を説明するという。なぜ、わざわざ冊子にして配付までするのか。

「答えは簡単です。私たちが言うことに対して、支店長や法人営業部長は職場で人事権を持つ絶対的な存在です。銀行では、『部長、それは間違っていますよ』と指摘したり、反論したりする人はいません。ですが、きちんと浸透するかどうかは別問題。私は浸透させたいと願っている。だけど、理念は時の経過とともに忘れられがち。言葉は口にしたときから消える。言葉だけではなく、つねに伝え続けることが大事です。そこで、文章に落としました。同時に、自分の退路を断って、私の覚悟を示したのです」

工夫しているのはこれだけではない。職場でのコミュニケーションを高める努力も惜しまない。そのために開催しているのが座談会である。

「昨年（2017年）は本部長として担当しているエリアで、法人営業部長、副部長、次長、ベテラン層、中堅層、若手層の6階層に分けて、本音ベースの問題意識をぶつけ合わせています。法人営業部長時代は女性陣だけの座談会もやりました。頻度は2

～3ヵ月に1回ほどです。他にも社内行事でラフティングやボウリングをしたり。運動会、球技大会、ゴルフコンペ、社内旅行もやります。皆の誕生日も把握していますよ」

昭和にタイムスリップしたようなアナログな世界――。思わず、そう感想を漏らすと、河原田氏は「デジタル化の時代こそ、このような仕組みが必要なのですよ。そもそも、今の若者たちは交流を求めているということをご存じですか」と素早く切り返す。

河原田氏が入行した旧住友銀行は、とにかく数字に厳しい銀行で知られていた。目標達成への意欲が並外れて高く、営業といえば住友と言われた。2001年4月、旧さくら銀行との合併で三井住友銀行に生まれ変わって以後も、住友の遺伝子は脈々と受け継がれている。河原田氏は、この企業カルチャーと異なるようにみえるのだが、彼に言わせると、そうではない。

「営業拠点ごとの目標はあります。しかし、計数中心の仕事からはお客様への付加価値が生まれない。だから個人の計数目標は外す。三井住友銀行は現場の自由度が高く、現場に任せるというカルチャーがあるのです」

同僚の忠告にも怯まない

氏は今、さらにアクセルを踏み込んでいる。

「いままでは、法人営業部長として自らの部下を対象にしていたのですが、現在、私は中国・四国地域の5つの法人営業部を担当していますので、5法人営業部の担当者の予算（計数目標）をすべて廃止し、『数字のためではなく、お客様のために仕事をする』ことを徹底的に推進しています。このチャレンジによって、何が得られるのか。大変に楽しみです」

河原田氏は1986年に入行後、大阪の支店で目標数字を追っていた。

「当時は何の疑問もなく、『これ、買ってください』という営業を楽しくやっていた」

だが3ヵ店目の中之島支店で入行11年目を迎えていたときに、転機が訪れる。研修所所長代理への転勤である。

「研修所では、お客様のためにソリューションビジネスを実践するには、どうしたらいいのかなど営業、組織のあるべき姿を教えます。私自身はそれまでの10年余り、そのような仕事をしてこなかったのに、教える立場になりました。当然、一から懸命に勉強しました。自ら勉強しながら若手行員に教える日々でした。

　ところが、次の異動先、広島法人営業部では研修所で教えていた内容とはまったく別次元の現実の世界が広がっていました。『あるべき論』よりも『稼ぐこと』が重視される。４年間の研修所勤務で数百人の銀行員を教えていたにもかかわらず、自分が教えたことと違う世界に戻る。私はそれがとても嫌でした。そこで、教えてきたことを営業現場の次長として、自ら、実践することにしました。これが私の転換点です」

　計数目標を追わない営業のスタートである。とはいえ、組織である以上、勝手はできない。

「当時は、経営統合で三井住友銀行が発足して３年目。行内全体に収益意識が従来にも増して高まっていたし、公的資金が注入されていて、その返済原資確保という面からも収益向上が叫ばれていました。そんな時期に数字は追わず、お客様が抱える課題解決にのみ取り組むと私は言ったわけですから、異端視されてもしかたない。

　当時、私は法人営業部の次長でした。上司の部長に自分の考え方を説明すると、『それならば、君が思うようにやっていい』と了解してくれたのですが、実績は上がらず、営業部の業績評価はガタ落ちしました。部長は上司から随分と怒られたと思います。でも、部長は私の考え方を理解してくれた。本当に上司に恵まれたといまでも感じています。しかし、同僚には、『君、数字づくりは絶対にしないなどと言っていると、銀行員人生は短くなるよ』という人もいましたね」

銀行員の人事評価の目安である計数目標が不振であるのだから、そのような声が上がっても一向に不思議ではない。

だが、逆戻りはしなかった。

実績は必ずついてくる！

実績不振の裏側では、手応えが高まっていたからだ。

「お客様との距離感は確実に縮まっていき、会話の内容も深まりました。そして仕事の相談では『簡単な案件は君には頼まない。ややこしくて大変な課題の解決を頼む』と言われるようになりました。それは事業再編など事業の根幹にかかわるような案件です」

そして、任期3年目の期末が近づいていた。広島の3年間のなかでもこの年は最も実績が悪かったのだが、やはり、河原田氏は部下に期末押し込み商品の販売は厳禁し、3月末を迎えた。万事休す——数字だけを見れば、そう思えた。

しかし、河原田氏は部下全員を集めて、こう語った。

「今期はみんな、本当にいい仕事をした。来期以降、私たちの店はまったく問題がない。安心していい。今後も目標数字を追いかけるのではなく、お客様の問題解決に徹するという、このままのスタイルでいこう」

その話に部下たちも得心したのは、3年の間に「河原田モデル」が部下たちに浸透していたからだけではない。顧客企業から多くの相談案件が寄せられ、翌年度以降、それらが融資などの実績につながることが確定的になっていたからでもある。蒔いた種は収穫期に入りつつあったのだ。

以後、現在に至るまでの十数年間、河原田氏は「ノルマなき銀行営業」という持論の正当性を証明し続けている。そのための肝となるのが先に掲げた冊子「三井住友銀行の法人営業」に盛り込まれた経営理念の職場への浸透である。それは一朝一夕で実現できるものではない。

「着任して一人ひとりと徹底的に話します。それでも、従来型の目標管理方式から切り替わるためには半年ほどかかりますね。それでやっと全員が腹落ちして仕事を始める。数字ではなく、みんながお客様のほうを向いて仕事を始めるまでには、時間がかかります」

それは面白いほど実績に映し出されている。一つの営業拠点の年度ごとの実績推移は1年目が目標を未達成になりがちだった。しかし2年目以降、急改善し目標を超えるパターンなのだ。

「最初は未達の年も多いわけですから、私の取り組みの結果を採点すると100点満点で50点程度。良くても60点か70点くらいですかね。

もちろんきれいごとばかりを言っていて、儲からない仕事をしていたら、それは寝言でしかないと思っています。二宮尊徳は『道徳なき経済は犯罪である、経済なき道徳は寝言である』と語っていますが、道徳を理念に置き換えたのが私のマネジメント論です。理念がないとダメですが、儲からないのならば、寝言でしかない」

このように河原田氏は、自らの取り組みに辛めの点数をつけるが、それは信念が揺らいだからではない。むしろ、さらに営業理念に磨きをかけるという意思の表明である。

ビッグディールより大切なもの

最後に支店長の醍醐味を尋ねると、次のように即答した。

「ひとつは多様な業種の経営者と真剣な議論ができることです」

実際、数多くの経営者が河原田さんに胸襟を開いてきた。そのなかでも、同氏が思い出深かった出会いがいくつもある。たとえば、支店長に就任する以前のことである。次長だったころ、出会った創業オーナーから信頼された。このオーナー経営者の病気が悪化し、ついに自宅に戻ったものの、面会謝絶が言い渡された。ところが、河原田氏とは会った。「元気になるから」という理由だったが、もちろん、それだけではなかった。「自分が亡くなった後の事業を面倒見てほしい」「事業を継ぐ息子のことを頼む」という切実な懇願だった。

ところが、亡くなると、息子たちが揉めて、骨肉の争いへと発展してしまった。長男に事業を継ぐ考えはなかったので、河原田氏は個人の意思を尊重して次男の面倒をみていたが、結局、次男は兄弟に分散した株式を買い取ることができず、事態は泥沼化してしまった。

1年以上が過ぎたある日、河原田氏は次男から「一人で会社に来てほしい」という呼び出しを受けた。

「会社に行くと、珍しいことに仲の悪い兄弟が一緒に座っていました。どうしたんやろうと思ったら、次男が『河原田さん、会社を売ろうと思う。もめて大変やから』と。その言葉を聞いた瞬間、私は激怒してしまいました。創業者である父親の思いを聞いてきたし、事業の面倒を頼むとも言われていました。それにもかかわらず、子供たちは『売る』と言う。何を考えてんねんということです」

会社を売るということは、それを相談された銀行はビジネス上、M&Aのアドバイザーを務めてほしいと依頼されたことと同義だ。同社の企業価値は数百億円であり、ビッグディールとなる。銀行にとっては大きなビジネスチャンスである。

だが、この話を聞かされたとき、河原田氏の頭にそんな考えは欠片《かけら》も浮かばなかった。創業者の言葉を思い出して怒りでいっぱいになった。

「結局、兄弟の結論は変わらず、私が最終売却まで担いました。しかし、内心忸怩たる思いが残りました。創業者は事業承継で息子さんたちが揉めそうとまで予期しておらず、私もそのような芽を事前に摘んでおくようなアドバイスを差し上げていなかったからです」

河原田氏はいまだにほろ苦さまじりに思い出す出来事だが、同氏のような信頼される銀行員だからこそ、そこまで顧客の奥底に入り込め、人間の襞に触れるような問題にまで関わったのだ。目先の利益を追っている銀行員ではここまで顧客の世界を垣間見ることすらないだろう。むしろ、醍醐味として、そんな出来事を語るあたりがこの人物らしいとも言える。当時、次長だったが、その下にいた部下たちはビッグディールを獲得したという事実よりも、このディールに込められた河原田氏の熱い思いを知ることができたはずである。

そして、河原田氏が語る、もうひとつの「支店長の醍醐味」もこれに関連する。

「あとは、部下の育成。支店長と部下は2~3年の付き合いでしかありませんが、そのなかで、部下の人生にどれだけ影響力を持つのかをいつも考えます。『数字のためではなく、お客様のために仕事をする』。これは言葉としては理解できても、本当に実践していくのは極めて難しいことです。本気で一緒に目指していかないと、伝わらないだろうなという気持ちは正直あります。だから一人でも多くの法人営業部員と一緒に仕事をして、銀行という仕事の醍醐味を伝えていきたいと思います。

そうしたなかで、銀行の仕事は、世の中に貢献でき、これからもどんどん必要とされるということを理解し『やりがい』と『誇り』を持って生き生きと仕事をしてくれる部下が増えていく。これは本当に醍醐味です」

何やら、銀行の行くべき道を照らそうとする求道者にみえてきた。

（2019年4月より専務執行役員）

3　部下を守るためには本部と戦うしかない

伊予銀行　松山北グループ長　矢野一成

「10年先も必要とされる銀行」になるために

銀行業界はいま、激しい変化の時代に突入している。そのなかで叫ばれているのは効率化、生産性向上への要請である。要するに、従来の働き方は非効率、かつ、低採算として否定され、全面的な見直しに迫られている。昨日までの前提は崩れて、今日からは「新たな発想の取り組み」を始めなければならない――モデルチェンジへの要請である。

まさに挑戦の日々が続く中、多くの銀行がその戦略を策定しているが、言うまでもなく、戦略の下絵を描くのが経営陣と本部の企画部門であっても、その下絵に色を塗り込んで新たなビジネスモデルとして息づかせるのは、営業現場にほかならない。現場は平穏な時代でも、起伏に富んだ変化の時代でも、汗を流し続けるしかない。ましてや、前例のないトワイライトゾーンのような局面である。挑戦し続ける銀行ほど、現場の重みは増している。果たして、現場のトップ、支店長はいかに取り組んで職責を全うしていくのか。

いま、愛媛県のトップバンク、伊予銀行が先進的な取り組みで先行する有力地銀のひとつとして、大きな注目を集めている。営業目標の自主申告制、総合表彰制度の廃止、デジタル化といった、近年、問題視され変革の必要が論じられている課題に対し、いち早く着手してきているからだ。その起点と言えるのが、2015年4月に策定した「10年ビジョン」。メインテーマは「10年先も必要とされる銀行」である。

その後、打ち出した様々な施策の一環として、2017年6月に二つの支店を統合するとともに、デジタル技術を駆使した新モデル店舗として誕生したのが、今回訪れた松山北支店だ。

初代支店長の矢野一成氏(55歳)は、同銀行の松山北グループ長として、松山北支店長のほか、松山中央市場出張所長を兼任している。銀行内では「最も尖った支店長」の異名を持つ人物だ。

事前にそんな情報を得たうえで松山北支店を訪れたのは、オープンから1年8ヵ月が経過したときのことだった。それも、指定された日時は3月28日。年度末の最終金曜日といえば、通常、銀行の店舗はごった返すものだ。だが、確かに、来店客は後を絶たないものの、店内は落ち着いている。

それにしても、広々とした店内である。じつに銀行っぽくない。そんな気持ちで眺めていると、静かな笑みを浮かべた痩身の人物がロビーに現れた。矢野氏である。「多忙を極める期末日に申し訳ない」と詫びを言うと、「いや、私は何もやることはありませんから」と相好を崩す。さぞかし、ピリピリした人だろうという予想は大いに外れた。しかし、こちらの拍子抜けした気分は次第に消えていった。なぜなら、やはり、「尖った人物」だったからである。

「途中でハシゴを外すな」と本部に注文

2016年6月に問屋町支店と潮見支店が統合して誕生した松山北支店は、総勢50人ほど、サテライト店舗を含めると90人という規模に達する、いわゆる大店《おおだな》である。問屋町支店長だった矢野氏はそのまま、新店舗の支店長に就いた。

統合直後の店舗運営は大変である。母体の旧支店のうち、一方の支店は店番号が変更され、同店舗の顧客は口座番号等々も変わる。銀行はその手続きに大わらわとなるためだ。

しかし、松山北支店の大変さは、その比ではなかった。当時の様子を振り返る矢野氏も、「とにかく、苦労の連続でした」と苦笑する。というのも、伊予銀行は、この新支店をＢＰＲ（Business Process Re-engineering 業務改革）による初めての斬新な店舗として生まれ変わらせたからだ。いわゆる、新時代に向けたパイロット店舗である。

そのエッセンスはデジタル技術を駆使した業務の効率化である。店舗内は顧客ロビーが大半を占め、来店客はまず受付でキャッシュカードをかざして本人確認と用件を告げる。その手続きの際、押印は不要となっている。ペーパーレスと印鑑レスの同時実現である。通常、１階ロビーには数多くの銀行員たちが働いているが、ここでは数人の女性行員の姿しか見られず、従来の店舗仕様とは圧倒的に違っている。

店舗統合の対応だけでもてんてこ舞いであるうえに、前例のない次世代型の業務運営への変更も重なったのだから、天と地がひっくり返ったような事態である。その責任を負う矢野氏は、支店長への就任を告げられた時、どう受け止めたのか。

「頭取に呼び出されて『お前、新しいことが好きやろ』と言われました。頭取がそんなことを知っているはずはないのですが（笑）。まあ、そのときは『そうです。大好きです』とお答えしましたが、内心、さて、どうしたものかと思いました」

店舗統合、前例を見ない業務改革というダブルショックの店舗運営のしんどさを予感しつつも引き受けたわけだが、そこは「尖った人物」である。本部の企画担当者たちにはこう告げていた。

「途中でハシゴを外すな。それをやられたら、ちゃぶ台をひっくり返して怒るでぇ」

ベテラン支店長ならではのちょっとレトロな表現だが、本部の指示を唯々諾々と飲み込むだけのヤワな支店長ではないことがこの言葉からも窺い知れる。

「転職したと思ってくれ」

矢野氏が入行したのは1987年である。当時、銀行の営業現場は窓口事務の山だった。新入行員として、窓口業務を担当した時、「カルトン（顧客ごとの支払いなどに使う盆）がテーブルの上に5〜10個も並び、床にも数個が置かれる」というような状態。顧客は何十人待ちで店内は顧客の苛立ちムードでむせかえり、事務処理に追われ続けた。これが銀行員人生の原風景だった。

そんな修行の毎日が終わり、一人前の銀行員として働いていた1993年のある日、矢野氏は住友信託銀行への1年間の出向を命じられた。信託業務開始に備えたトレーニーである。ここで矢野氏は強烈なカルチャーショックを経験した。

「私がやってきた銀行業務と信託銀行の業務はまったく違っていました。メインの仕事は雑務ではなく、顧客へのコンサルティング。入社2~3年の信託銀行マンと一緒に肩を並べて研修を受けるのですが、彼らの知識量は半端ではなく、譲渡所得の計算などをいとも簡単にやっていました。私は、若い人たちに『それって何ですか』と初歩的な質問をしていたほどに、大きな差がありました。なにしろ、私は集金、事務処理などの雑務の毎日を送っていたので、当然といえば当然なのかもしれませんが、歴然とした差を痛感したのです」

この1年の間に垣間見た〝違う世界〟こそ、その後、矢野氏を「尖った銀行員」へと変える契機となった。支店長に昇格後もその姿勢は変わらず、同銀行関係者によると、相手が上司であろうと本部であろうと歯に衣を着せない発言を放つ「尖った支店長」という評価が銀行内で定着したと言う。

そして、時代の変化がこの人物を改革の最前線へと押し出した。

松山北支店に話を戻そう。とにかく、店内に一歩足を踏み込めば、改革の内容が超弩級であることは理解できる。伝統的な銀行らしさは欠片もない。受付は空港にある航空会社のチェックインカウンターのようであり、職員たちが働く事務スペースはまったくない。広々とした空間である。

支店の事務職の本部集中化などを徹底した結果である。それによって事務は簡素化されたが、当初、職員たちは業務フローの激変ぶりに戸惑い、来店客は混乱した。それを予想していた矢野氏が職員たちにあらかじめ語っていたのは「転職したと思ってくれ」という言葉だった。

「なにしろ、コペルニクス的な転換と言えるほどに仕事の内容が変わる。意識を抜本的に変えないと走り続けられませんから」

とはいえ、誰でも慣れ親しんだやり方を捨てて、新たなものに向かうことに心理的な抵抗が生じやすい。その感情が募ると不平、不満につながっていく。それを矢野氏は意識したに違いない。

「とにかく、このままチャレンジしなければ、銀行として生き残れないということを全員に腹落ちさせないといけません。『これだけのマイナス金利になって利ザヤが縮小している』『来店客数はかつてのより4割も減っている』『県内人口の減少で、今後、労働力は不足してくる。当行も例外ではない』等々をホワイトボードに書き、繰り返し繰り返し説明しました」

苦情の嵐

それだけではない。働く職員たちの業務量は大きく軽減される。これがデジタル化、BPRの果実であるが、「単に業務量が減りました」では、進化は伴わない。そこで、矢野氏は全員へのメールを繰り返した。

「目的はお客さまへの新たな付加価値の提供である、とね。そのためにも、業務量の削減で捻出した時間のうち、3分の1はお客さまをより知り、あるいは寄り添い、お客さまの気持ちを汲み取り、その課題を解決するために活用しなさい、と。さらに3分の1はワークライフバランス。自分の心身の休憩や趣味、家族や恋人、友人との付き合いなど豊かな人生のために費やしてください、と」

それでは、残りの3分の1の時間はいかに過ごすのか。矢野氏が訴えたのは「自己啓発」だった。だが、同氏は「この自己啓発という言葉こそ曖昧で曲者です」と言う。

「自分のために勉強するというニュアンスで受け止める人もいます。でも、それは違います。最終的にはそうであっても、お客さまや地域のために学ばないならば銀行としての意味はありませんから」

このような考え方をことあるごとに説いてきたのだが、その一方で、店舗統合と改革が重なった現場は混乱を来していた。

「当初、トラブルも発生し、毎日、苦情の嵐。お客さまから罵声を浴びせられる。女性管理職が2時間立ちっぱなしで叱られるということすらありました。手続きの方法などがガラリと変わったので、お客さまにも苛立ちが生じたのです。でも、なかには、イライラして怒りの声を上げかけた方に、隣のお客さまが『いや、この店はこういうふうに変わったばかりなので、落ち着いて待ってあげましょう』と言ってくださるようなこともあり、好意的なお客さまからは『銀行も大変やね』と労いの声をかけていただきました。ありがたいことでした」

いかに大変な状況だったのかを実感できる話である。ベテラン支店長の矢野氏ですら、余裕はなかった。

「6月の店舗オープン後、しばらくは外出する余裕はなく、8月のお盆休みの週まで計数関連の資料をチェックする暇《いとま》すらありませんでした。ようやく、一息付けたのは、それからまた1ヵ月後。運営が巡航速度になったと思えたのはオープンから半年後でした」

残念ながら、新機軸のパイロット店舗だから営業実績は無視して構わないなどという話は一切ない。つまり、通常の店舗運営の職責も果たしながら未体験ゾーンへ突入せよ、という二兎を追う役割が与えられている。しかも、失敗は絶対に許されない。さすがに、尖った人物でも心底参る。胃が痛くなったのではと問うと、「そりゃ、なりますよ」と即答し、こう続けた。

「『宇宙戦艦ヤマト』の沖田艦長の気持ちがわかりましたね、ほんと(笑)。人類の存亡をかけて、伊予銀行の将来を賭けて、失敗は絶対に許されない。このクルーたちとともに挑むって感じです」

支店長は〝ちょっとポンコツ〟ぐらいでいい

いま、松山北支店はBPRの効果を発揮し、それから捻出される余力が顧客サービスの向上へと向かっている。ロビーでの職員たちが絶えず笑みを浮かべていることでそのムードは察知できる。いわば、伊予銀行の将来を決するパイロットは順調な飛行を描き始めていると言える。その指揮官に新時代を切り拓く支店長の条件を聞いてみると、ちょっと意外な答えが返ってきた。

「〝ちょっとポンコツ〟ぐらいがいいですかね。従来型のやり方であれば、優秀な人がその経験値に基づいて『これをやりなさい』と言えばいいのだけど、これから新しいことが起きる中では、みんなの力を借りないと絶対に実現できない。経験値が生きない課題が出てくるので、つまり、ポンコツぐらいで『ごめん。わからないから、みんな、何かアイデアないかい？』とか『みんなでちょっと考えてみよう』と。そうでないと物事が解決していかないわけです」

自虐的にも聞こえるかもしれない言い方だが、トワイライトゾーンに突入した指揮官としては、その空間を突き抜ける強い意志さえあればよい、という深みのある発言でもある。

「これまでは〝お客さまに好かれるのが支店長の仕事である〟という考え方で数店の

支店長をやってきましたが、ここに来て状況はガラリと変わりました。効率化、生産性を追求しながら、新しい価値提供という両輪で取り組んでいる。そのつもりなのですが、ひょっとすると、『ただのコスト削減だろう』と見限られる危険性があります。そうならないためには、とことん、やりきるしかない。そのためには支店長などはもう嫌われてても仕方がない。とことんやっている職員たちを守るためにはなおさら嫌われ役になるしかない。『支店長がこういう方針なので』という余地を職員たちに残しておかないといけない。職員はお客さまに2時間も叱られているのだから。とにかく、私としては、『私の責任でこれをやっております』ということです」

「つまり、支店長と本部の経験値だけでは、もはや乗り切れない時代なのです。したがって、私は、みんなの意見をよく聞くように心掛けています」

本部の言い分をすべて聞いたら支店業務は回らない

これは本部に対する構え方にも通じる。

「私自身に本部経験があるので、本部に対してはとても厳しいです。本部が言ってきたことをすべてやっていると、支店業務は回りません。だから、部下を守るためには、本部と戦うしかない。本部は前例踏襲型です。そんな時代ではないし、そんなことでは支店は回らない。とにかく、支店を守り、部下を守るためにやってきたという自負はあります」

銀行の営業店で働く若手職員たちと会話すると、しばしば、「なぜ、支店長は本部からの無理難題を跳ね返してくれないのか」という訴えを聞くことがある。まさに、矢野氏は跳ね返す支店長なのだ。

「つねに経営者は理想論を語ります。しかし、その一方で、現場は大変な現実と向き合っている。この二つには溝があり、そこをブリッジして優先順位をつけたり調整したりするのが本部の役割でした。少なくとも私が本部にいた頃には、当時の部長、課長からそう教えられていました。ところが、いま、本部は経営と同体。これでは経営者を守ることにもならないし、現場を守ることにもなりません。誰かが矢面に立ってあげないと、現場の行員たちは疲弊していくだけです」

どうだろうか。これが支店長の気概というものだろう。このような人物だからこそ、いま、松山北支店は変わり、新たな回転を始めている。

「ロビーのアドバイザー担当、窓口のテラー、後方事務等々、全員とすべてやり直しの議論をしてきました。いまや、職員たちが『こうしましょう』と提案してきて、こちらから本部に『こうしますよ』というほどです。アイデアや意見があれば、すぐに私のもとに伝えられるように、私は支店長室のドアを開けっぱなしにしています」

そうしたムードのなかで職員たちのメンタリティも変わってきたと言う。

「結束が強まってきました。それぞれが責任感を持って意見を出し、提案し、行動しています。ポンコツ支店長の下で、『やってみようやー』という感じです（笑）」

これまでの支店長経験は通用しない

一方、伊予銀行は近年、本部からの決め付け的な目標設定を廃止している。いまは各支店が自身の特徴や店周マーケットの実情に合わせて、自主的に目標を立てるようにしている。これをどう受け止めているのか。

「数字だけを追うのではなく、プロセス管理に重点を置いています。当初、数字を追い続けてきた営業担当者には戸惑いが生じましたが、いまはもう、そんなムードはなく、しかも、営業成績が落ちているわけではない。自主目標は別に数字だけではありません。とにかく、そのように銀行は変わってきています。なにしろ、銀行の将来のためには若い人たちに育ってもらうしかない。もういちど、言いますが、支店長も本部もその経験値が生きない時代になってきているわけですから」

たとえば、いま、支店運営で会議はどうなっているのか。いまだに銀行の営業現場ではノルマの数字を詰める会議が頻繁に行われているところもあるが……。

「会議はありますが、スタンディングミーティングみたいな感じです。日々の状況を聞き取って、それに対して、極力、クイックレスポンスしていくというものです」

ところで、矢野氏の支店長室は、じつにさっぱりしている。自身のモットーとか、支店運営の鉄則などを記した掛け軸のようなものもない。そのようなものはないのかと聞くと、じつにあっけなく、「ありませんね」という一言が返ってきた。

「あえて言えば、私が日々、喜怒哀楽で表しているということでしょう。私は曖昧な反応の仕方はあまりしないようにしています。私が喜び、楽しがることはこういうことであり、怒り、悲しむのはこういうことだというような感じです。そのためには、部下との接点が大切です。お客さまともそうですが、デジタル化で効率化される時代だからこそ、人と人のふれあいのようなものを大切にしないと。テレビ会議で手っ取り早く済まそうというのではなく、対面して話し合わないといけない。本部の人間は店に足を運び、支店は本部の人間に来てもらう。それが一層必要でしょう」

銀行が生き残る道はこれしかない

松山北支店は2019年1月末、統合直前の問屋町支店と比べて、支店の事務量は44％程度削減されている。かつては窓口にテラー担当者4人が配置されていたが、いまは平均一人で顧客対応している。それでいながら、来店客が用事を済ませて帰るまでの所要時間はかつての平均11・8分から同10・8分に短縮化している。パイロット店舗は着実に成果を収めてきていると言っていい。だが、これは単にデジタル化したから得られた果実というわけではない。自称「ポンコツ支店長」の下で、全職員たちが意欲的に考え行動しているからこそである。

愛媛県は、日本の農作業の革命を導いた井関農機の創業者、井関邦三郎氏や明治期にはライト兄弟より飛行機開発に先駆した二宮忠八氏などを排出した発明家大国である。彼らに共通するのは優れた頭脳だけではなく、試行錯誤にへこたれない強い意志と気概である。

この地で新しい時代への新たな布石にいち早く挑んでいるのが伊予銀行である。そこには、「ポンコツだが、まだ走り切る」という気概の支店長がいる。

最後に支店長の役割を改めて尋ねた。

「今までは営業実績を上げるための旗振りでした。でも、それだけでは済まない時代がやってきました。職員たちの人生や幸せ感を背負わなくてはならないし、お客さまへのさらなる価値提供に挑戦しないといけない。つまり、進化していかないといかん。そう思うにつけ、若い人たちにはそれを突き詰めていってほしいと願います。それしか、銀行が生きる道はないと思うからです」

2018年度の最終営業日——。かつてであれば、期末の残業で明け暮れただろうこの日に、矢野支店長が率いる松山北支店では、夕刻からの打ち上げと花見の宴会が予定されていた。「ただし、私は一次会で帰ります。私は基本的に二次会には加わりません。二次会は上司と本部の悪口を言って、『でも仕方がないよね。明日から頑張ろう』という会です。もちろん、私は一次会で帰りますよ。あとは、みなさんで私の悪口をどうぞ、ですね」と笑う。
確かに尖っていた。が、銀行をこよなく愛し、部下をひたすら愛していることがヒシヒシと伝わってくる。何よりも、自称、ポンコツとはいうものの、まったく錆びずに光っている。

（2019年6月より国際部長）

4 銀行論理の発想は絶対に許さない

埼玉りそな銀行 所沢支店長 清水正幸

支店長〝3つの心得〟

いかにデジタライゼーションの時代が到来しようとも、いまだ銀行の営業店は濃厚な人間模様に彩られた世界である。支店長を頂点に、中堅行員、若手行員、さらには非正規職員たちの人間関係が織りなす職場であり、外を向けば、銀行員と顧客との起伏に富んだリレーションがビジネスの根幹にある。まさに喜怒哀楽、悲喜こもごもの人間臭さに溢れた仕事だ。

その内容も一様ではない。「棚ぼた」的な案件に突然恵まれることもあれば、どんなに汗を流しても報われない日々が続くこともある。晴れ間もあれば、雨も降る。そうしたなかで、若手行員は悩み、苦闘している。ましてや、いま、銀行業界は「冬の時代」とされる。支店長はメンタル面への気遣いまで含めて、彼らの毎日の様子を見守らなければならない。同時に、〝理想の銀行員〟の姿を彼らに見せる使命をも担っている。それもこれも自身の体験の積み重ねがモノを言うのはまちがいない。

埼玉りそなの所沢支店は、西武線所沢駅から5分ほど歩いた旧街道沿いにある。古めかしい商家が並ぶ町並みの一角に佇む洒脱な建物が、同支店である。駅の反対側に東口支店があり、また、近隣には小手指支店、新所沢支店もあるが、所沢エリア一帯の法人取引はこの所沢支店が一手に担っている。要は、この広域エリアの旗艦店という位置づけである。

もちろん、大所帯である。支店単独でも職員数は80名を超え、併設するローンセンターまで含めると、陣容は100名を上回る。

「随分と支店長をやってきましたが、これほど多人数の職場となると仕切っていくのは非常に難しいですね」

こう語るのは同支店の支店長を務める清水正幸氏（55歳）だ。支店長・法人部長を7拠点で経験している。一般的に、50歳ごろになると関連会社や取引先企業に転籍する銀行員が多い中、清水氏は同銀行で最年長の現役支店長であり、かつ、現役支店長の中では拠点長経験数の記録保持者である。おそらく、大手銀行のなかでもトップクラスだろう。

自身は「化石のようなものです」と笑うが、この経歴だけを見ても、凄腕銀行マンであることは十分に察しが付く。同氏に向き合うと、話の内容以前の問題として、語り口にエネルギーがみなぎっている。

そうしたことを加味しても、7つの拠点長というキャリアはすごい。その豊富な経験から得た支店長の心得は何か。

「第一に支店組織の運営を任されている以上、それぞれの支店の特性がどうなのかをきちんと把握する。第二には、部下と公的、プライベートな部分について、できるだけ会話するよう心がける。もちろん、お客様ともそうです。とくに、地域のキーパーソンと言えるお客様とは着任したときから集中的に、べったりと話ができるように時間を割く。第三は、問題を先送りしない。これは自分が手掛けた案件ではなくて引き継がれたものについても、です」

支店長による新規開拓の注意点

とにかく、一口に銀行の拠点と言っても、その立場は千差万別である。拠点長としての初任店は池袋支店の営業第一部だった。同支店は、地域運営の中核店として池袋駅から伸びる西武線、東上線という二つの私鉄沿線に位置するすべての都内店から主要な法人先を集めており、そのなかで、清水氏は営業第一部長として、上場クラスの企業と新規開拓に特化したチームを任された。

「各支店でマネージャーとして鳴らしてきた人材が集まったような拠点だったので、組織運営というよりも、常にビジネスの答えを出すことを求められ、それを追求していました」

戦略部隊の指揮官として、つねに勝つことのみを念頭に置いていたということだろう。ただし、「組織の全体像を把握し動かしていく面ではよくわかっていなかったという反省があります」と当時を振り返る。これに対して、いま支店長を務める所沢は、りそなの母体の一つ、旧埼玉銀行の地元である。「お客様と本当に近い距離でお付き合いする地域密着」に徹している。したがって、池袋とは明らかに立場は異なると言う。

一方で、清水氏には、いかなる拠店でも継続していることがある。支店長自らによる新規開拓である。いまも支店内のミーティングなどの内部作業や部下との帯同活動の合間を縫っては、単独で外訪に出る。もちろん、既存顧客への訪問もあるが、新規開拓を欠かさない。

「副支店長のときもそうでしたが、若いころに憧れ、尊敬していた支店長に新規開拓の重要性を叩きこまれたためです。その方はこう言っていました。『新規貸出の顧客は銀行員に熱意さえあれば絶対にとれる。しかし、貸出の質は担当する銀行員の能力に比例する』と。その通りです。であれば、支店長が最も質の高い新規貸出ができるというのが本来の筋です。そこで、私はチャレンジし続けています」

しかし、銀行業界では新規開拓よりも、他の銀行の既存貸出を奪取する他行肩代わりのほうが横行している。それについて、清水氏はこう指摘する。

「自分も一生懸命に取り組んできた案件を肩代わりされてしまうのは嫌です。これは誰でも同じでしょう。とはいえ、そもそも、お客様に新しいニーズを創造して頂くことがやはり、我々の理想です。銀行にとって、本当は肩代わりがメインのビジネスではない」

一本の筋が通った話である。「まあ、私にとって新規開拓は趣味の一つでしょうが」と言葉を和らげたが、自らに難題を課し続けているのはまちがいない。しかも、話はこれで終わらない。

「支店長には（肩書や経験といった）アドバンテージが少しはあるわけで、一生懸命新規開拓に回っている部下には失礼な面もある。それから、新規案件を獲得しても、私が担当するということではありません。お客様に対して、上手に担当者へのバトンタッチをしないといけません」

それを間違えて「初めだけ支店長がやってきたが、客になったとたん、平社員が来るようになった」と顧客に受け止められたら、良好な関係は決して継続できないからだ。顧客が発展し、部下が成長するための微妙な差配に腐心している。

参考になった二人の支店長

新規開拓は清水氏の銀行員人生を鮮やかに彩ってきた。若手のころ、海外勤務を熱望していた同氏がシカゴへの海外研修人員に選出されたのも、新規案件の実績が評価されたからだった。そして、同氏は念願の海外勤務となる。入行8年目の1994年から4年間の香港支店勤務である。

ここで清水氏は、ビッグディールを手掛けることになる。日々の熱心な営業活動が実って、ある大手ゼネコンと現地企業の合弁事業であるホテル建設の資金調達案件を獲得したのだ。りそなの前身、あさひ銀行時代の話だ。当時、その大手ゼネコンのメインバンクは大手都銀であり、あさひ銀行はそれに準ずるサブメインに過ぎず、しかも、担当者は入行10年足らずの清水氏だった。

「若気の至りというか、かなりアグレッシブな条件で勝手にコンペに応札してしまいました。今であれば、とんでもないという話でしょう（笑）」

最終的に、同銀行がアレンジャーとして組成したシンジケート・ローンの規模は「日本円にして130億円規模だった」と言う。

「1年を費やしてアレンジを終えたのですが、冷や汗モノでした。ホテル案件は担保条件、保証条件などが独特で、それらを基本契約から最終契約書にまで詳細に盛り込んで作り上げなければならなかった。その量たるや、段ボール5箱分にもなったため、人生で最も勉強した時期になりました（笑）。もちろん、そんな大変な仕事を一人で成し遂げることはできません。たとえば、当時、本店の東京営業部でその大手ゼネコンを担当していたのが、じつは、シカゴ研修時代の同期でした。私は出身が旧埼玉銀行で、彼は旧協和銀行。出身母体は異なっていましたが、あの案件を通じて完全に『仲間に助けられた』という意識が出来上がりました」

銀行の経営統合では、しばしば、母体となった旧銀行出身者同士の摩擦が話題になるが、結局、現場での共有体験がそれを解決していくということか。きわめて示唆に富んだ話である。

ところが、大仕事を手掛けて意気揚々と帰国した清水氏を待ち受けていたのは、そのような美談や輝かしい実績がモノをいう世界ではなかった。なんと、同氏はその後、転職を半ば決意する苦悩の日々を過ごす。

「渋谷支店に異動となりました。そこでは、商業系の中小零細企業と個人顧客が多いエリアを担当し、それは良かったのですが、当時の支店長がとにかく、管理面に厳しい方で私とは肌が合わなかった。しかも、香港で取り組んだ案件に比べると、金額的には小さい案件ばかりです。有頂天で舞い上がっていた当時の私はそれも物足りなかったにちがいない。それで鬱屈して転職しようと。いま考えると明らかに甘ちゃんですよね。自信過剰で、足下のことすら、きちんとできないにもかかわらず、です」

清水氏は先輩たちからの慰留を振り切り、すっかり退職する気になっていた。そんなある日のことである。

「仲人を務めてくだった方に呼び出されて『辞めるのはいいが、いま、やっていることに対して自分で納得できているのか』と質されました。要するに、正面から取り組んでいないのならば、それは単なる逃げにすぎないと」

そこで、少し落ち着いて考える日々を送っていると、人事異動で支店長が代わった。

「新たな支店長は、私の経歴に関心を寄せてくれて、大手私鉄グループの担当にしてくれました。その支店長は、のちに副頭取になった西島康二さんです。とにかく、これ以上の支店長はいないと思えるほど、すぐれた支店長でした。私は退職を思いとどまりました」

「今、振り返ると、前任の支店長はまったく悪くはなかった。私が甘ったれで、よくわかっていなかっただけです。ただし、その方は厳しくて、一切、会話することはないという感じでした。あえて学べたことと言えば、厳しいことは大切でも、同時に愛情をもって部下の話に耳を傾けることも絶対に大切であるということです。私は渋谷で多くのことを学びました」

支店長の重要なミッション

もうひとつ、清水氏が渋谷支店で学んだことというのが、先ほども出てきた新規開拓の重要性だった。これは、じつは同氏がいまも「尊敬している」という西島氏の教えである。

西島氏は新規開拓の重要性をまとめた文面を部下たちに配っていて、清水氏はいまも、それを大切に保管している。横書き・箇条書きの体裁で、「渉外活動において常に新規活動は怠ってはならない」「新規なくして店勢の発展はない」「新規のエキスパートになる条件。顧客に対して何を与えられるか、常に考えること」等々の文章が並んでいた。

この文章のイメージからは厳めしい支店長像が思い浮かぶが、必ずしもそうではなかった。

「夕方など、私のような担当者たちがデスクワークしているフロアに姿を見せ、ぶらぶらと歩いてこちらに寄ってきては、私たちの肩をもみながら『今日はどうだった?』とか『調子はどう?』とか、声をかけて回るのです」

これは、清水氏が転職を考えていたころ、無意識のうちに渇望していたものだったにちがいない。そしていま、自身が支店長として若手職員たちを見守る立場となり、このスタイルを踏襲したところ、「彼らの成長が明確に見える」という。

「残念ながら成長の速度は人によって異なり、なかなか変われない人がいることも事実です。しかし、一度変わり始めると、その後は速い」

それはどういう場面で見えるのだろうか。

「お客様からの評判もありますが、帯同訪問しているときや、報告を受けたりしているときです。お客様への提案の切り口が変わってきますから」

「支店長としては、もちろん、その子の特性に気付けるかどうかが重要です。というのも、人によって、得意分野はかなり分かれますから。ジェネラルな人間なんてあまりいないですよ。たとえば、新規取引が得意なタイプもいれば、既存先に対して、とことんウェットにお付き合いできるタイプもいます。それに仕事がはまると成長は速い。だから、その子が語るキーワードのようなものに気づいて活躍できる分野に配置すれば、彼らが持つ能力をより伸ばすことができる。これは支店長としての重要なミッションです」

伸びる分野で伸ばしていくというのは正論である。本人も手応えややりがいを感じるにちがいない。しかし、実際、そんな理想的に物事が進むのだろうか。

「申しわけないことに、失敗することもあります。それは否定しませんが、ぴったりとはまったときの成長は目を見張るものがあります」

どうやって部下の才覚を見出すか

その典型的なケースに出会ったのは二つ目の拠点長、堀切支店長のときだった。

「彼は入社4年目で、3ヵ店目として異動してきたのですが、率直に言って、今風に表現するとチャラけていて、生活面はルーズ。誰の目から見ても、社会人としてはダメ男という感じでした。初任店のときに、随分とダメ出しを食らっていて、半ば、ふて腐れたような状態でした。しかし、気になってみていると、昼休みなどの時間には、一生懸命いろいろな人たちと話をしている。もしかしたら、人付き合いが好きで、人間的な魅力も備わっているのではないか――。私はそう思って、彼とよくよく会話をしてみると、ルーズなことは間違いなく（笑）、しかも、本人はそれをちゃんと自覚していた」

果たして、清水支店長はこの問題児をいかに処遇したのかというと、新規開拓のチームに抜擢したという。

「話をするのが好きなのでね。いまでも覚えていますが、帯同訪問を兼ねて、5店舗ほど展開しているラーメンチェーンに、一緒に食事に行きました。彼は、一生懸命になってこの会社を新規先に推すのです。事業内容的には、私たちが融資できるギリギリの状況だったのですが、私は『まあ、いいよ。1件目だからやってみよう』と認めたところ、彼はその後、びっくりするほど実績を上げ始めたのです」

これが、奇跡の物語の始まりだった。というのも、異動もあって、この元問題児との職場での付き合いは1年ほどで終わったものの、彼はその後も伸び続けて、なんと半年の営業期の実績において10期連続で全銀行ベースでのMVPを獲得し続けたのだ。5年間ずっと稼ぎ頭として、トップセールスの座を守り抜いたことになる。まさにミラクルである。

堀切支店で清水氏が彼の隠れた才覚を見出さなかったら、おそらく、彼はふて腐れた態度のまま退社していても不思議ではない。彼は清水氏の判断を契機にして勢いに乗ったわけだ。

そんなある日、清水氏のもとに1本の電話が入った。電話の主は、10期連続MVPの偉業を達成したばかりの彼だった。

「銀行を辞めることにしたという内容でした。『本当に感謝しています』という言葉と、『以前から、10期、MVPを取ったらやめようと思っていた』と」

ふと、清水氏が仲人らに転職をとどまるよう諭されたという、先ほど紹介したストーリーが頭をよぎる。もちろん、清水氏は慰留したのだろう、と思いきや、違っていた。

「私は慰留しませんでした。電話の声を聞いていて、『こいつはやり切ったのだ』と思ったからです。渋谷時代、私は『やれてないからの逃げだ』と諭されましたが、彼はやり切ったんですよ。私に諭せるものは何もありませんでした」

一瞬、遠くの光景を眺めるように、清水氏の眼が細くなった。

「たぶん若いころ、私も彼と似たような感じだったと思います。銀行員らしくなくて。私は学生の頃、器械体操をやっていたのですが、銀行に入って、宴会があるとよく逆立ちしてはストローでビールを飲む芸当を披露していました。そうしたら、それが噂になってある支店長から呼び出され、『人事畑の役員があいつは絶対に何かしでかすから要注意だと言っていた』と告げられました（笑）。それでも、何とかなったのは、誰かが私の特性に気が付いてくれて、引っ張ってくれる人がいたからでしょう」

「最後の砦」としての覚悟

自己分析によると「かなり厳しい」タイプの支店長だという。

「当然、みんな、結果を目指している。問題はそのためのプロセスと時間の費やし方です。それがちゃんとできていないと怒ります。しかし、本当に叱るのは、担当者たちがお客様を守る立場であるということを自覚できていないときです。銀行はお客様あっての商売です。したがって、担当者がお客様を守る立場から、私に対して激論をぶってくるならばうれしいです。しかし、担当者が銀行論理の発想をしたり、やはり、銀行の都合に立って『これはできませんよ』などと私に言ったりしたら、私はカチンと来ます。私はすごく怒りますよ。『君はお客さんの側の人間だろう』と」

やはり、コワーイ支店長なのだ。しかしその分、成果を上げた時には褒めるのだろうか。

「もちろん、褒めますよ。ただし、本当にいい仕事をやったときです。やたらと褒めて育てろという意見もありますが、私、それはなじめません」

同時に、自身のスタイルとしているのは「支店長は最後の砦」という信念である。

「お客様とのトラブルがあって収まりがつかないようになれば、そこは支店長の出番です。厳しい案件の時には、ここで自分の職務は終わってもいいというほどの覚悟で臨まないといけません。土俵の真ん中で堂々と腹をくって。それは支店長にしかできないことですから」

担当者は顧客を守り、支店長は職責で部下たちを守る。要するに、部下への愛情とは、やたらと褒めることではなく、最後はすべての責任を一身に背負い込む覚悟とその態度にほかならない。だからこそ、支店長にとって重要な資質のひとつに、清水氏は「銀行の仕事にプライドをもっていること」をあげている。

「『絶対に、りそなを裏切らない』と言ってくださる会社さんがどこの支店にもいます。それは銀行冥利に尽きる話ですが、その多くは厳しいときに、我々がお助けしたような先です。しかし、今、銀行は厳格なルールが敷かれているため、支店長がリスクを引き受ける決意と覚悟を持ってやっていくことがむずかしい。しかし、支店長としてはその覚悟、決意こそが必要なのです」

確かに、かつてはどの銀行にも名物支店長がいて、「あの会社が困窮した時、自分判断で融資して助けた」という伝説が山ほどあった。いまや、とんと聞かなくなった美談である。ところが、清水氏はその夢を諦めない。東松山支店長のとき、同氏は市政、地元企業の経営者の協力を仰ぎながら、創業間もない企業を支援するファンドを立ち上げた。ルール上、銀行での融資が困難ならば、別の方法で支店長、銀行の理想の場を作ろうと動き、実現した。いくつもの拠点長を務めてきた経験がなせる業だろう。

最後にひとつ、付け加えよう。職場では夢に向かってコワイ支店長なのだが、ひとたび仕事を離れると、宴会、イベント好きの明るいオジサンに変わる。そこはやはり、逆立ちしてビールを飲む芸当を得意とする人である。支店の若手全員と立川ハーフマラソンに出場し、レース後には宴会——。

過度な宴会はご法度な昨今、それもいざとなれば「最後の砦」という支店長の覚悟と決意があってこその行動だろう。

（２０１９年６月より Resona Merchant Bank Asia Limited CEO）

5 着任3ヵ月で支店の雰囲気を変える

みずほ銀行 久が原支店長 飛田俊樹

“やらされ感”をどう解消するか

銀行はいま、変化の時代の真っただ中にある。経営環境の激変だけではない。様々な面で過去にない状況が訪れている。

従来の尺度に当てはまらない発想を持つ若者たちが続々と入社してきていることもその一つ。世代間ギャップに戸惑い、空回りする支店長も少なくない。逆に銀行の古臭い管理手法になじめずに退職する行員もいる。

そこで、今回は支店マネジメントの定石にとらわれず、あくまで自己流で若手銀行員たちを育て上げ、業績も大きく改善させている名うての支店長を紹介しよう。

「昔はそんなことはなかったですが、いまの若者たちは上司に甘えてくるのです。

『支店長、私には無理なので、どうにかしてください。一緒にやってくださいよ』という感じ。そのとき、私は絶対に無下にはせず、部下の話を聞いてからサジェスチョンしています。『君ね、俺は君の親じゃないのだから、自分で決めなさい』と言っています。でもこれこそ、親のようなアドバイスですね」

高らかに笑いながらこう語るのは、飛田俊樹氏（55歳）だ。みずほ銀行の久が原支店長を務めている。東京・大田区の久が原は戦前からの住宅地。同支店は、このエリアの個人層をメイン顧客とする典型的なリテール店舗である。

温厚そうな雰囲気。若手職員たちが甘え近づくのも、その人柄ゆえかもしれない。だが、単に温厚なだけではない。

銀行小説の主人公になってもおかしくないような「神の手を持つ」支店長なのだ。結論を急ぐと、稀有の「立て直し屋」なのである。

「たまたま、初めて任された店を素早く立て直したので、人事部は私を立て直しのためにフル活用しているのかもしれません（笑）。どのくらいの期間で、店の雰囲気を変えることができるかですか？　初任店は着任後3ヵ月間で変わりました。他店でも最初の3ヵ月で変化の傾向が出てきて、6ヵ月あれば変わりましたね」

本人はさらりと説明するが、業績面で苦戦が続いている営業店の活性化は容易ではない。それをわずか3ヵ月で実現するという。まさに飛田マジックである。だが、本人にそれを誇る気配はまったくない。

まず、苦戦している店はすぐにムードでわかるという。

「やらされ感に満ち溢れています。そして、仕事が終わると、同僚同士で飲みに行って上司に対する愚痴が入る。だから、横（同僚）には変に仲良し。それで着任早々に面談すると、支店長が悪い、課長が悪い、お客様がよくない等々、他責の意見ばかりが出てくる。それをひとつずつ潰してあげると、最後は自責しか残らない。そこまでいけば、もう大丈夫です。いつの間にか、横で割れていた関係が変わって、縦に切れていきますから。つまり、ライバル意識が芽生え、競争原理が働くようになります」

その改革にいつ着手するのか。じっくりと待ってから始めるのだろうか。

「銀行は保守的な組織で変化を好みません。したがって、支店長が着任してすぐが勝負です。あとはそれを押し通す。私は初めに『ブルドーザーで来たよ』と言って、ガーッといっぺんに変えてしまいます。あとから変えようとすると、『支店長が考え方を変えた』というネガティブなムードになってしまいますから」

業績不調に悩む世の中の管理職諸氏は参考にすべき話である。

従来とは真逆の管理方式

「支店長を務めた3ヵ店ともリテール店舗です。個人をお客様としている営業現場は女性職員も多い。いろいろなタイプの人がいて、必ずしも上昇志向の強い人ばかりではありません。そこを見落として、伝統的な銀行の管理発想で臨むからしっくりこないのです。支店長を務めるようになってから、40ヵ店ほどの支店長が私のところに研修に来ています。彼らは皆、支店マネジメントに悩んでいますが、ほとんどの場合、その理由は部下との意識のギャップにあります」

伝統的な価値観から脱却できない支店長と、その価値観を理解できない部下の間に生じる深い溝。現在、どこの企業でも起こっている問題である。

なかでも銀行はかつて、金太郎アメと称されたほどに均一性を要求される職場だった。直面している変化の度合いも激しいにちがいない。営業現場で、日々、その実情を目の当たりにしてきたのが飛田氏である。

「過去とは比べようもないほどに多種多様な価値観を持った人たちが働いています。

『えらくなりたくない』『責任を持つ仕事につきたくない』『プライベート重視』といった、昔では考えられなかった価値観を持つ人も増えている。以前のように、ただ闇雲に命令すれば人が動くという時代ではまったくなくなりました」

管理職には厄介な話だが、しかし、多様な人材を生かしてこそ時代の変化に対応できる。だが、若い人たちは職場が合わないという理由で退社を考えがちだ。そのとき、飛田氏はどうするのか。

「辞めるのであれば、辞めればいいと思うし、そう言います。自分の人生だから自分で決めればいい。でも、世の中、楽な仕事はないから、よくよく考えなさいよと言いますね」

冷たく突き放しているようにも思えるが、これはあくまでも相手の生き方を尊重し、「自分で考えること」の重要性を重んじるからこそ。その一方で、飛田氏のほうから仕事の失敗や出来の悪さを理由に、部下たちと距離を置くことはなく、「戦力外通告はしない」という。

これはどういうことなのか。具体的なケースで飛田氏は説明し出した。

「優秀な大学を卒業して入行した女性職員がいました。性格的に営業職はまったく合わないと思っていたのに、個人営業のほうに来てしまった。実際、営業は苦手でした。そこで、初任店で退職を真剣に考え、辞めるか、内勤に回してもらうかという話になり、上司に相談の上で最終的に内勤職に変えてもらっていました。まあ、その店では彼女に手を焼いていたということになります。そんな経緯を経て、私の支店に異動してきました。話を聞くと、相変わらず、『営業は嫌いです』『キャリアや出世にはまったく興味はありません』と言うのです。まあ、最近、よくいるタイプの子ではありました」

さて、どうしたものか――飛田氏は考えたのだが、「内勤の窓口業務であっても営業職です。しかし、彼女の営業マインドをあげる動機はなかなか見つかりませんでした」。しかし、彼女は特別な存在というわけではない。程度の差こそあれ、最近はこのようなメンタリティの若手職員が少なくない。とくに、リテール業務の現場はそうなのだ。

そこで、飛田氏は独特の支店マネジメントを編み出した。この取り組みが正鵠を射ていたことは3ヵ店の活性化と業績改善が如実に示している。

具体的にはどういう方式なのか。

「リテール店舗の盛衰は組織運営と人材育成でほぼ決定する」と断言する飛田氏がまず始めたのは、「率先垂範の放棄」だった。支店長の背中を見よ、という経営方法を過去の遺物と判断したからだ。

「先に走っても誰もついてこないわけです。後ろを振り返ったら、一人もいないというような状況。そこで、駅伝の監督、コーチのように、基本的には走るランナーをフリーにして、その後ろから伴走しながら、『右に曲がれ』とか『手をふれ』とか、指示するスタイルの運営にしました」

そのうえで、銀行で支店マネジメントの基本となる仕組みを次々に変えている。たとえば、行動管理を緩和し、営業職の複数担当制を取り入れ、部下に対する形式的な面接・インタビューを見直す……。いずれも、銀行本部が支店長たちに求めてきた伝統的な管理方式とは真逆の、あらたな仕組みである。

「厳密に行動管理すれば職員たちは働くという考え方は、複雑で時間を要する法人取引では段取りやタイミングの面からも重要かもしれません。しかし、個人をお客様とする領域ではあまり意味がない。個人向け営業はお客様に寄り添う気持ちで取り組むことが重要で、時には一瞬で結果が出てしまうこともあるからです」

「会社のために働け」は通用しない

本部主導の「管理」方式にとらわれず、代わって取り入れた手法の根底にあるのはメンタリティ・コントロールとでも言うべきものである。要するに、自主的にやる気を起こさせるような部下の育成法だ。

そこで、再び、営業嫌いな女性職員の登場である。飛田氏はこの若手職員をいかにしたのか。

「苦肉の策といえばそうなのですが、『営業が嫌いで営業から脱出したいのならば、営業せよ』と勧めました。『ここで頑張ったら、必ず、本部に異動させるから頑張れよ』とね」

果たして、彼女はどうなったのか。「もちろん、営業上のサポートは入れつつ成功体験を積ませるようにしていきました。すると、本人のマインドが変わって前向きになっていき、窓口の来店客情報がすべて自分に集約されていくような体制を作るなどの努力まで始めました。結果的にですか？　それが、全店ベースの個人営業職員のなかで優秀な実績を築いて、アウォード制度で連続表彰も受けましたね」

下手をすると、戦力外通告されてもおかしくないような人材を磨き上げてダイヤモンドに変えてしまったわけである。さぞかし、彼女はいま、営業の第一線でバリバリ業務に取り組んでいるのだろうと思いきや……。

「当初の希望通りに営業を離れさせて本部の商品企画に異動させました。約束ですからね」

あっけらかんとしたものである。営業実績を上げるために優秀な部下を自分の配下に置きたい、集めたいと考えがちな、自分本位な管理職は少なくない。しかし、飛田氏にとっては、それよりも部下と交わした約束を守ることが重要なのだ。店も人材も立て直す飛田マジックの本質がみえたような話である。

「部下たちには、日頃、自己利害を大切にしなさいと言っています。そして、それを最終的に会社の利害に合致させていくわけです。『会社の利害はこうだから、自己利害を合わせよ』、『会社のために働け』というのが一般的でしょうが、それでは、今の若手世代はピンとこない。自己利害の延長にきちんと会社の利害がつながっていくようにコントロールすると、彼らの動機付けになりますから」

その方式を普段から丁寧に行っていれば、わざわざ、部下に対する面接・インタビューを形式的に行う必要などないという話もうなずける。

ずっと1位をとる必要などない

そのためにも、飛田氏は「日頃から部下たちの顔色をよく見て会話している」と言う。たとえば、以前の店ではこんなことがあった。

「新人で同期1位の成績を取り続けている子がいました。しかし、表情をみると、どうも疲れている。そこで『ちょっと来てごらん』と呼んで言いました。『そんなに自分を追い込まなくていい。ずっと1位をとる必要などはない。力を抜きなさい』と。すると、彼は『いや、力は抜けません。連続1位というポジションから降りたくないです』と跳ね返してきました。その気持ちはわからないわけではありません。プロスポーツの一流の選手が自分を追い込むまでの凄いメンタリティをもっているようなものでしょうが、銀行員人生は長丁場です。いっときのまことではない。『そんなことでは、自分が壊れるぞ』『この一瞬にそんなパワーを使ってどうするのだよ』と懇懇と説得しました」

この若い職員は、いい上司を得たものである。果たして、世の支店長諸氏の中で、この人物のように目先の数字にとらわれず、将来を見据えた言動ができる人がどれほどいるだろうか。胆力と繊細さを兼ね備えた、見事な人材管理である。

そして、飛田流マネジメントのなかでも圧巻は、一人ひとりの職員に対して、細かく顧客を割り振っていく担当制の撤廃だろう。

担当制は典型的な管理手法であり、いまも、多くの銀行が採用し続けている。だが、飛田氏はこれを撤廃し、ほとんど複数担当制に変えた。

「同じお客様を全員が担当して、お客様からすれば誰にでも相談できる便利な銀行にしたいという強い思いがあります。もちろん『あの子は好感を持てる』というような顧客との相性、親和性も重要です。銀行の都合ではなく、お客様が好きな担当者に相談できるのが一番です」

確かに「あのお宅はA君が担当」という割り振りは、銀行本位である。顧客がその銀行員を好んでいないケースもある。そこで顧客との距離が縮まらず、焦って通い続ければ「しつこい営業」と疎まれて逆効果になりかねない。

しかし、縄張り意識で職員間の軋轢が生じないのだろうか。そう尋ねると、飛田氏は笑って答える。

「複数担当制に変えると、当初、抵抗する者もいます。従来の担当からすれば『あの方は私のお客様です』という意識があるのも事実。しかし、それは初めだけ。むしろ、職員同士の健全な競争意識が生まれるし、そもそも、個人営業は基本的に人海戦術の世界でもありますから、自然とこの仕組みで回り始めますよ」

昔ながらの押し付けが組織をダメにする

銀行の伝統的なマネジメントからは、まったくかけ離れた飛田流。このスタイルが生まれたきっかけは、飛田氏自身が経験したある体験にあった。取引先への出向である。

「支店長になる以前は、個人営業ではなく、法人営業をやっており、ある取引先に出向を命じられたことがありました。その出向先は、銀行とは別世界というか、真逆の世界でした。女性社員がほとんどで、それぞれが好きに働いている雰囲気。収入水準への執着はなく、仕事が気に入らないと、あっという間に転職してしまう。上からの管理・統制はないけれど、それでも職場としては不思議と回っている。これは貴重な経験でした。もしかしたら、この経験がないままリテール店舗の支店長になっていたら、私も典型的な管理型支店長となって苦しんでいたかもしれませんね」

価値観の変化する世界をいち早く見てきたというわけだ。

そのような独特の視野の広さから、職場にいる若者たちを見続けている。

「今の子たちが以前の若者たちとはまったく違っているように見えるかもしれないけど、根本はそうではない。ところが、それを昔流に形式的に無理やり当てはめようとしがちです。しかし、若者たちもさることながら、世の中が変わってきている。かつて『銀行員は金太郎飴みたいだ』と言われるほど、均一で個性が乏しかった。しかし、社会そのものが様々な個性を許容するようになってきています。これは銀行も例外ではありません。根本的には変わっていなくても枝葉の部分が昔と違っているからといって、昔の感覚で枝葉を叩いたり切り落としたりすると、どれも同じような丸っこい樹木ばかりになってしまう。それは結局、多様性を認めた社会とは合わないということになるでしょう」

飛田氏が語る「営業店活性化」のエッセンスは結局、人材の活性化に尽きる。そして、この人の話からは、それが楽しくて仕方がないという気持ちが伝わってくる。

「昔の話になりますが、前任店での営業成績がドンケツだった若手社員が着任してきたことがありました。新入社員研修では研修教材を3度も忘れてくるという強者で、同期の間でもちょっとした有名人だったようです。私の店に着任後は独身寮に住んでいたのですが、最初の半年で9回寝坊するなど、確かに噂通りの強者でした」

飛田氏を主人公とする銀行小説なら、名脇役登場といったところか。

「本人も目覚まし時計を3個も用意するなど起きようという意思は確かにあって、決してやる気がないとか、怠惰で仕事嫌いというわけではない。

寝坊すると、私のもとにLINEで知らせてくるのですが、絵がペコリと頭を下げる。しかも、こちら向きではなく、反対側に(笑)」

なるほど、ゾクゾクするような世代間ギャップを感じさせる、イマドキの若者だ。

「そんな彼からよく話を聞いてみると、元気とやる気だけは人一倍あることがわかりました。私は失敗や寝坊もすべて不問にして、『過去のことはいいから、とにかく今から営業を頑張れ』と諭しました。猪突猛進型で典型的な体育会系の彼に、自分が好きで得意と思う仕事をとにかくやれと指示したのです」

働くのは支店長ではない

なかなか大胆なメンタリティ・コントロールと言える。で、強者はどうなったのか。

「自ら、他店の優秀者にヒアリングするなど、あれこれ努力を重ねて自信をつけていきました。そして、なんと、同期ナンバーワンの実績を上げたのですよ」

彼の過去を知る人たちは皆、驚きの声を上げたほどの変貌ぶりだった。

「とにかく、どんどん良くなっていき、寝坊もまったくしなくなりました。忘れられないのは、私が異動のときに部下たちが催してくれた送別会でのこと。体の大きな彼が『僕を変えていただき、ありがとうございました』と男泣きに泣きました。成績がぐんぐん上がる様子を目の当たりにしたときもうれしかったですが、この瞬間が一番うれしかった」

自身の送別会では、もうひとつ印象深い思い出がある。

「ベテランの女性事務職員がいました。私が着任早々のことです。昼食も食べずに仕事をしているので『昼飯食わないで大丈夫ですか』と言ったら、『その質問に答える時間が無駄です』と言うのです。大抵の支店長は怒りますよね。でも、私は一切怒らなかった。怒らずにしゃがみ込んで、ずっと彼女を見続けました。不愛想な人でしたが、根はいい人でした。それから、あれこれと仕事の仲間となっていって、私が転勤する際の送別会では最後の三次会か四次会まで付き合ってくれました。そりゃ、うれしかったですよ」

かつての部下たちから昇格などの連絡がくると、「お前らのおかげでいい店になったからな。働いたのは俺じゃない」と祝いの言葉を贈る。それは飛田氏の大きな楽しみだ。

若者たちと向き合う飛田氏の話から伝わってくるものは「愛情」にほかならない。形式的な管理の冷たさよりも人を真剣に育てようとする温かさのほうがはるかに勝るのだ。

久が原の支店長任期も長くなってきた。日増しに高まるのは、自分がいなくなっても、いい支店であり続けてほしいという気持ちだ。

そのためにも、部下たちには「自分で考えよ」と説く。そして、こう付け加えることも忘れない。

「俺もいつ飛ばされるか、わからんからな」

（2019年4月より柏支店長）

6　評価が最下位でも「よかった」わけ
三菱ＵＦＪ銀行　執行役員　南里彩子

「女性は嫌だ。担当を変えてくれ」と言われた時代

全国津々浦々で女性の職場進出が話題になっている。というよりも、いまや、女性のチカラを抜きにして企業活動は成り立たなくなっている。銀行もその例外ではない。従来、銀行の支店は来店客に対応するカウンター業務やその後方に控える事務業務を女性職員に依存してきた。しかし、優秀な女性職員を管理職などに登用する動きは鈍かったと言わざるを得ない。そんな状況が変わる契機となったのが、１９８６年の男女雇用機会均等法の施行である。

当然と言えば当然のなりゆきなのだが、法施行から30年超が経過したいまもなお、女性の要職登用は限られている。「ダイバーシティ」という言葉が目標に掲げられていることはその反射的な証左かもしれない。

たしかに、個人向けビジネスのリテール分野では女性支店長が続々と誕生している。むしろ、家計に直結する個人金融業務は女性のほうが適しているという説すらあるほどだ。それでは、法人取引の分野はどうなのか――。結論を急げば、女性の活躍は広がってきたものの、リテール分野ほどではないし、その拠点長である支社長への登用は数少ない。要するに、いまだ途上なのである。そこでは、先駆者たる女性支社長が汗をかく毎日が続いている。

その一人が南里彩子氏である。現在、三菱ＵＦＪ銀行本店にある営業第四本部で金融法人部長を務めていて、しかも、執行役員である。金融法人部は、金融業界を担当するセクションであり、同氏はいわゆる法人部門の専担者であるＲＭ（リレーションシップ・マネージャー）を束ねる要職に就いている。女性初の金融法人部長でもある。

南里氏が入社したのは三菱ＵＦＪ銀行の母体の一つ、旧三菱銀行が女性総合職の採用に踏み切って6年目のこと。総合職とは全国への転勤があり、幹部登用の道が開かれている職種である。それ以前は、女性職員は事務系などの一般職の採用しかなかった。近年、総合職採用の半分は女性が占めているが、南里氏が入社したときは「同期

470名の総合職のうち、女性は8人しかいなかった」という。もちろん、入社した職場の幹部職員はすべてオトコ。支店長もオトコばかりだった。

「同期の男性は『少なくとも支店長にはなりたい』と言う人たちがゴロゴロいました。そのときの私は、支店長を目指すなんて気持ちはまったくなく、そんな話を耳にして、『なんて大変なところに入ってしまったのだろう』って思っていました（笑）。というか、正直に言って、実際に支社長になる直前まで、あまり意識していませんでした」

それもむべなるかな、である。幹部登用の道が開かれた総合職と言いながら、南里氏はまだその6期目である。ビジネス経験を積み重ねた人材が選ばれる支社長に女性が初めて就いたのは、それよりも相当に先のこと。イメージがつかめなかったのも当然だろう。

「法人営業をやりたいとは思っていました。だから、入社して六本木支店に配属となり、一定期間を経て、実際にRMとして企業を回り始めたときは楽しかったですね。でも、その一方では、担当先の一社から支店長が『女性は嫌だ。担当を変えてくれ』と言われたりして。でも、『それも仕方がないな』と思った。その程度の受け止め方でした」

百戦錬磨の支社長の下で見習い修業

六本木支店のあと南里氏は本店営業部等に異動となったものの、その後は人事部で女性活躍推進室の創設メンバーとなったり、社内広報担当などの業務に就いたりした。8年間も営業職から離れていたある日、新宿新都心支社の副支社長への異動を命じられた。

「営業の仕事に戻りたいとは願っていたのですが、『もう次長ポストしかないかな』とか『次長ポストも難しくなったか』などと考えてしまう年齢になって、自分の頭のなかでは、『営業職に戻れるチャンスはないかも』と諦めかけていたころでした。それがいきなりの副支社長という話です。率直に言って『エーッ!?』という予想外の出来事でした」

南里氏のケースでは、副支社長はいわゆる支社長に就く前の見習い修業だった。師匠に相当する支社長は経験豊富な百戦錬磨の人物であり、人事部からの指示は「あの支社長に弟子入りしろ」。当然、そうなるのだが、それにしても、あまりの実力差である。

「はじめてあいさつした瞬間に、マネなどできないなと観念しました。酸いも甘いもすべて人間力でカバーできるという圧倒的な支社長でしたから」

マネはできなくても、観察はできた。

「夕方になると、担当者たちのデスクを『何しているの？』という表情でぶらぶらと回るのです。会話するというよりも、若手をいじるという感じ。それで、全員の顔色や表情を確かめているのです。もちろん、私はその光景を見続けていました。お客様との接し方もそうです。細かいことは部下に任せて急所できちんと的確な指示を出すことの重要性や、部下の育成の仕方、部下への処し方、次のポストへの送り出し方等々、とにかく、そばで見ることで学ばせてもらいました」

だが、１年のつもりだった見習い修業は、わずか4ヵ月間で終わった。想定よりも早く、支社長への異動が告げられたからだ。さぞかし、本人は不安だったにちがいない。充分な副支社長経験もないまま、同行で二人目の女性支社長である。そんな彼女に対し、束の間の師匠たる当時の新宿新都心支社長は、二つのことを言って送り出した。

「ひとつは、『もうこれ以上、準備はいらないので、とにかく、自分で大丈夫だと思って頑張って実践するように』ということでした。そして、もうひとつは『支店、支社を支えている人を本当によく見て、きちんと組織を運営するように』と」

一定レベルで類似した人材の集合体である本部とは異なり、営業現場には様々な人がいる。その一人ひとりの考え方や成長度に応じて差配しないと、マネジメントは空回りしがち。なかでも南里氏のように本部から突然やってくると、部下との距離感を縮められず、孤立することすらある。これは、いずれの銀行でもしばしば耳にする話である。

観察することに徹していると、その様子を逆に観察されていることに気が付かないことがあるが、おそらく、名うてのベテラン支社長はさりげなく、南里氏を観察していたにちがいない。そんな人物から最後に贈られた激励を胸に南里氏が支社長に就いたのは、東京・世田谷の成城支社だった。

「支社長一人で来てほしい」

成城学園前といえば、億万長者たちが洒脱な並木道を散歩しているような東京有数の高級住宅街である。超富裕層取引の華やかな世界に飛び込んだのか、と思いきや、それは違う。なにしろ、支社は法人取引拠点である。しかも、当時、周辺地域の支社を統合していたため、担当エリアは登戸など製造業の多い地帯と言える川崎市の一角にまで広がり、製造業、建設デベロッパー、商社、通販、アパレル等々、多種多様の企業が事業を営んでいる。閑静な高級住宅街のイメージとは違う世界の中で、同支社は100社ほどの既存融資先企業と取引していた。

そこに、同銀行として二人目、もちろん、同支社としては初代の女性支社長として南里氏が着任したのは2014年4月のこと。リーマンショックのダメージからのV字回復が始まったものの、東北を襲った大震災、タイの大洪水など国内外の自然災害の影響がようやく薄まりつつあるタイミングだった。

そうした状況下、同行成城支社は未だかつて経験のない事態に突入する。

「引き継ぎの初日、支社のみんなには『とにかく、女性上司に慣れてください』と語りました。それまでに、女性が上司となるというだけで、みんなが一歩引くという話を聞いていたものですから(笑)。そこで、『普通の人間だと思って、話しかけてください』と」

いまでは、笑い話のように聞こえるが、本人は至極真面目だったにちがいない。実際、個人向け店舗の支店とは異なって、当時、支社はオトコの世界だった。ちなみに、支社の構成は、次長、課長代理、担当者二人、そして、新人二人という営業ライン6人はすべて男性であり、事務職に二人の女性がいた。

やはり、オトコの世界である。そこでいかに軟着陸するのか——。しかし、着任直後から南里氏に訪れた日々はそんな余裕を与えなかった。

「次々に案件が来ましたから。なかでも、着任後3ヵ月ごろ、様々な意味で重要な案件が突然前倒しとなって、支社は上を下への大騒ぎとなりました。毎日、お客様のもとに足を運んだ。部下を一緒に連れて行ったら、先方から『社長と話すのだから、支社長一人で来てほしい』と言われ、なるほどと思いましたね」

担当レベルでは「その件は持ち帰って上司に相談します」という返答が通用しても、支社長だとそれは通用しない。その場で大きな決断を迫られることもある。

「想定問答とシナリオをいくつか用意してお客様を訪問しました。たしかに、決断を迫られるときもありましたけど、お客様のほうが支社長といえども一人では決定できないということを従来の銀行取引でわかっておられました。むしろ、決断の無理強いはなさらず、『支社長の見解を聞かせてほしい』と迫られました。なにしろ、相手はオーナー経営者です。私は品定めされたのでしょうね」

現場経験豊富な次長に伝えたこと

怒られ、苦言を呈されることも少なくなかった。

「『銀行は、銀行のことしか考えていないよね』と言われたこともありました。当行ではベストの提案だと思っていても、オーナー社長さんが後日、他の銀行から別の解決策を知らされたりすることもありますから。ただし、問題は、銀行がきちんと説明責任を果たしているかどうか。話を聞いていて、勉強となることは多々ありました」

苦言を呈されるだけ、まだましというケースもあった。

「無視されてしまいました。お怒りになって、電話をかけても明らかに居留守を使われました。3ヵ月ほど、そんな状況が続きました」

しかし、捨てる神あれば、拾う神あり、である。

「そんなことで怯《ひる》んではいけないと思いました。ある日、他の社長さんから『怒られていることがあるだろう』と見透かされ、『はい、でも、怯まないように頑張ります』と答えたところ、『苦手なお客様のところには最も通え。私もそういうときがある。やはり、無理にも用事を作っていくのだよ。そうすれば、いずれ、振り向いてくれる』と教えてくださいました。そこで、私は『よし、行くぞ！』と」

また、取引先の人たちを交えた勉強会を催し、南里氏が地元・成城大学に行って学生に特別講義したり、取引先の人に講義してもらったりする試みにもチャレンジした。いわゆるコミュニティ活動である。

「お客様から『銀行さんが街の真ん中にお店を構えている重みを知るべきだ』と言われ、人が集まる集積地として、人の紹介、学生のみなさんへの知識、情報の還元などができないかと思い、考えたものでした」

一方、支社内でも新米支社長の努力が続いた。

「小所帯なので、なんでもオープンにしようと思いました。月1回の面談もきめ細かくやりました。そうすると、色々と意見が出てきました。勉強会もしました。当初、私が講師をしましたが、次長などにも話をしてもらいました。金融実務だけでなく、ビジネスマンの先輩としてのあり方論みたいな話も含めて、幅広くです」

しばしば、その手の話は居酒屋などでおじさんサラリーマンが若手社員を相手に熱っぽく語っているが、南里氏は酒席ではしないようにしたという。社内の勉強会は同じフロアを間仕切りで分けている成城支店とも共同で行うこともあった。先輩格の成城支店長が協力してくれたからだ。

南里氏よりも現場経験が豊富な次長、支社長代理に対してはどうだったのか。

「『私が間違ったことを言ったら、きちんと指摘してほしい』と言いました。実際の案件でも、訪問すべきかどうかと迷っていたら、『いやいや、支社長、迷っている場合ではありません。いまは行くべきときですよ』とはっきりと助言してくれたりしました」

「最下位でよかった」と思う理由

南里氏は元々、フランクな人である。自分の方から、あれこれと壁を作って守りに入るようなタチではなく、お高くとまったところは微塵もない。次第に、そんな人柄は支社内にも取引先の間にも浸透していったにちがいない。

たとえば、こんなこともあった。

「たまたま、新人の職員と取引先にお邪魔するために電車に乗っていて『夏休みはどうするの？』というような話をすると、『友達と旅行に行きます』と。それが私の家族旅行と同じ場所だったので、『時間があえば、ランチでもしようか』と伝えたのです。ところが、その友達というのが、実は女の子であることを旅行先で直前に知らされ、私は慌てて『ごめん、ごめん。無理しないで』と言ったのですが、彼らは本当にやってきました」

プライベートな部分に入り込みすぎてしまったのではと思い悩んだが、南里氏は彼らが今は結婚したことを聞き、ホッとしたという。

また、転勤した部下が年末に彼女連れで「近くに食事に来たものですから」と支社に寄ってくれたこともあった。こちらのカップルも最近、無事にゴールインした。転勤した部下が訪ねてきたことも、その後のおめでたい話も、南里氏にとってはうれしい出来事だった。

取引先の顧客にも同じようなうれしい出来事がある。南里氏はその後、東京・丸の内の本部に異動になったが、支社当時の取引先の社長が「近くに出店したから」と言って寄ってくれることがある。「元気にやっているか」という陣中見舞いである。

また、２０１９年４月、金融法人部長に就任し、久しぶりの営業職に舞い戻ると、それを知ったかつての取引先のオーナー社長から「お得意な分野に戻るそうだね」というお祝いのメッセージを受け取った。これは「最近のなかでは、うれしい出来事でした。決して得意ではないけど、営業の仕事は好きですので、お客様がそうみてくださっていたのだと思って」とほおを緩めている。

そんな南里氏である。さぞかし、優秀な実績を成城支社ではあげたに違いない。そう水を向けると、「よくぞ聞いてくれました」という威勢の良い声が返ってきた。

「準表彰を一度受けることはできましたが、最下位もありました（笑）。最下位はつらかったですね。先輩支社長は『誰かがならなければならないのだよ、最下位は』と言って励ましてくれましたが、慰めにはならないと思いました。ただし、お客様本位ではない仕事は絶対にしなかったという自信はあります。そんな仕事をするくらいなら、最下位でよかったのだと最近では思えるようになりました。私は現場の長としては最下位を脱出しようと懸命に頑張り、そういうメッセージを出しました。しかし、それは銀行本位の発想になって実績を上げさえすればいいということではありません。とにかく、営業目標を達成するということになって、顧客本位ではない行動に目をつむるというようなことをしなくて、本当によかったと思っています」

ところで、南里氏はなぜ、それほど営業の仕事が好きなのか。

「営業という仕事は、自分の実力を試せるように思うからです。自分の総合力を試せると言ったほうがいいかもしれません。そのなかでも、支店長、支社長といった拠点長は『総合力of総合力』のようなものを試せるポジションです。リスクとチャンスを両方とも最大限に味わえる素晴らしい仕事です」

その南里氏の発言には、オトコとオンナの区別もない仕事師の香りがある。そんな南里氏が支社長として天国と地獄のような実績を残して成城支社を去ったのは着任から約3年後である。そこで職場の仲間と言える部下から発せられたのは次のような言葉だった。

「南里さんが着任する前日まで、みんな、戦々恐々としていました。対策会議を開いて、南里さんに関する情報をできるだけ集めまくりましたよ」

傾向と対策を練っていたという話である。取引先の間でも、じつは「すごくコワイ人だったら困る」という声もあったという。それらの話は南里氏にとっては初耳だった。予想していなかったわけではないが、「やはり、そうだったのか」と思い「面白いな」と感じた瞬間だったと振り返る。

しかし、それもこれも後日談である。いざ、仕事となれば、すべてが真剣勝負であり、シロ、クロの勝敗がつく。そのなかで、顧客のためになることを追求し続けるために、リスクテークし、本部を説得し、部下たちを育て上げる。そこには、オトコもオンナもない。理想の銀行ビジネス、銀行員像を追求する姿だけがある。

第2部

これからの「銀行員のかたち」

――伝説のバンカーが伝授する組織運営と人材育成のヒント

7 〝立派な銀行員〟を育てようとは思わない

三井住友銀行　上席推進役　竹巻三千子

〝リテール営業の母〟として

この数十年、銀行業界は絶えず変化の世界にある。別にビジネスの領域に限った話ではない。世の中全体が大きく変わりつつある。それに適合するため、銀行は過去経験がなかったほどの決断と実行を迫られてきた。いまはすでに当たり前となっていることでも、その当時は大きな出来事だったことは少なくない。

そのひとつが中途採用である。純血主義の代表格と目され、新卒採用だけに固執してきた銀行が、ビジネスの間口が広がるにつれて即戦力の有能な人材獲得に動き出したのはわずか20年ほど前のことである。いまでこそ、ダイバーシティが声高に叫ばれ、女性の登用が積極的に行われるようになったものの、その歴史はまだ浅いし、いまだに「女性登用」という言葉が使われ、話題になるくらいだから、それが一般化したとは言い切れない。やはり、まだ銀行は「オトコの職場」のイメージを引きずっているのだ。

竹巻三千子氏は、そんな時代の象徴ともいえる存在である。四大証券会社の一角で13年間、営業経験を積んで、1998年に銀行へ転身した。いまは三井住友銀行の本部でリテール部門の事業推進を担うコンサルティング業務の上席推進役として、全国各地の個人向け店舗の取り組みを後押ししている。平たく言えば、支店長の上にいる役職である。

一口に個人向け店舗と言っても、じつは置かれた事業環境は千差万別である。東京でいえば、山の手と下町では居住者の気質が異なるし、生活感覚も一様ではない。郊外の古いベッドタウンではそこで生活を営む団塊の世代が退職年齢に達してきた一方、近郊では若年世帯が多い。それに伴って、金融ニーズは多様化している。

それだけではない。一般庶民にとって、普段、金融は迂遠な領域と言える。これは同じ銀行員の仕事でも大企業取引などとは明らかに異なっている。大企業取引は相手方も専門知識を有しており、商談も一定レベルの専門知識が備わっているという前提から始まるが、個人向けの分野はその前提が必ずしも成立しない。場合によっては、金融についてまったくの素人を相手にする。

銀行はあくまでもそれぞれの顧客と目線を合わせて合意していくことが求められている。繊細でなければ務まらないビジネス領域と言っても過言ではない。

そこで問われるのが、本部の立ち位置である。営業現場の息遣いまでわかるようでなければ、顧客起点の発想は遠のき、銀行本位のプロダクト・アウト型になりかねないからだ。巨大組織の銀行には、つねにこの隘路にはまり込むリスクが潜在しているようにも思える。

そんなリスクを圧倒的に跳ね返すような存在が竹巻氏である。前述のように、同じ個人営業といえども、証券会社、銀行という異質な二つの職場で経験を積んだうえに、銀行では支店長など7つもの拠点長を務めあげてきた。その間、数多くの若手職員を育て上げた〝リテール営業の母〟的な人物だ。

常識のある素敵な大人になってほしい

もっとも、本人は「支店長や本部よりも、お客様と接する一担当者のほうがいい」

と思ってきた。そこに、支店長への昇格を心の底から受け入れるきっかけが訪れた。それは新宿通支店副支店長だったときのこと――上司の支店長に掛けられた一言である。

「私は結婚していて子どもがいないのですが、上司から『うちの会社の子どもを産み育ててほしい』って言われたのです」

この断片的なやり取りだけを聞くと、職場の会話としては危うさを禁じえないが、二人はそうではなかった。絶大な信頼感が築かれていたからだ。

「要は、ちゃんといい大人を育ててほしい、と。支店長になりたいなんて考えたこともなかったのですが、『ああ、それだったら、やってみようかな』と思いました」

実際、支店長着任以後、いまに至るまで竹巻氏がつねに若手職員たちに語り掛けてきているのは、「立派な銀行員じゃなくて、常識のある素敵な大人になってください」という言葉である。

竹巻氏という人物を語るに際して欠かせないことのひとつに、その独特のキャリアがある。先述した、大手証券からメガバンクへの転職だ。彼女には証券会社、銀行という異なる二つの立場から、同じ新宿エリアで営業した経験があった。

「活動してきたエリアがとても近距離であるにもかかわらず、証券会社と銀行ではマーケットがまるで違いました。私が初めて勤めた証券会社は結局、経営破綻したのですが、そのとき、正直に言って、私はほっとしました。もう、これ以上、お客様を痛めなくて済むと。ストレスから解放されたのです。そして、銀行に転職して驚きました。お客様がとても多いからです」

証券会社と銀行の間では口座数がケタ違いである。もちろん、銀行のほうが圧倒的に顧客数は多い。したがって、かつて、証券会社の営業担当者は収益ノルマ達成に向けて、限られた既存顧客からどれだけ手数料収入を得るかという深掘り営業に徹さざるを得ない面が強かった。ところが、顧客基盤を持つ銀行では、営業担当者の構え方次第で顧客数を増やす〝末広がりのビジネス〟が成立する。それは銀行の大きなメリットだが、裏返して言えば、そのメリットを存分に生かし切れるかどうかを担当者は問われる。

そのためにも、銀・証間の違いに精通した人材は貴重だ。竹巻氏はその一人にほかならず、支店長昇格をためらう竹巻氏の背中を押した上司は、その資質を見抜いたにちがいない。そして、竹巻氏は銀・証両方の経験から得た独自のスタイルを貫いてきた。

本部による評価はどうでもいい

営業目標達成のためだけの実績作りの営業を行わせないのはその一例である。

「必ず、どの支店でも着任早々の案件打ち合わせのときに『支店長、今日、このお客様とこういう取引をしようと思っています』と説明する子がいます。私は頑張っているとアピールしたいのでしょうね。しかし、『相談案件です』という内容をよく聞いてみると、お客様から相談を受けたという感じではない。そこで、私は『それは意味がないからやらなくていいと思うよ』と言います。お客様の意向やニーズをきちんと確認せず、『今日いらっしゃる方には、このようにしてみます』などと言う子がいれば、やはり、私は『そんなことはしなくていいよ、それはあなたのニーズでしょ』と。そうすると、大抵の場合、『この案件をやらないと今月の収益目標を達成できないです』と訴えるのですが、私は『やらなくていい』と。みんな、一瞬、息をのんだような表情になりますけど（笑）」

場合によっては、収益目標が未達成ということも起きるだろう。しかし、竹巻氏は

「数字はすべて支店長の責任であり、部下の責任ではないですから」ときっぱりと言い切ったうえで、「ちょっとまずい発言になるのかもしれないけど」と微笑みながらこのように語る。

「私は本部による支店長に対する評価はどうでもいいという感じでいます。やはり、お客様が評価してくださることが最も大切ですから。部下たちにも『褒めてもらう相手は私ではない。お客様から褒めてもらわないとダメだよ』と諭してきました」

「竹を割ったような性格」とは彼女のことを指すに違いない。

豊富な営業経験があっても、初任の生田店では駆け出し支店長である。かなり苦労したらしい。なかでも重要な役目の支店管理は経験ゼロに近い。「銀行事務もわからなかったので、周囲の先輩方はとても心配してくださり、通常1回しか行われない事務推進部による支店長指導も3回、4回と手厚く教えていただいた」と感謝する。

「当時の生田支店は、初任は私だけではなく、サービス課長、相談課長など、初任者ばかりでした。新人の人材育成をベテランのスタッフさん（派遣社員）に担っていただいたほどです。この方は経験豊富で、しかも、しっかりとしていて頼りがいがあり、今も銀行におられます。とにかく、全員で暗中模索。その分、みんなで助け合おうという紐帯関係ができました。大変でしたが、楽しい日々でした。いまも忘年会で集まっては、当時を懐かしんでいます」

「支店長は逃げている」と思われたら最悪

もっとも、苦労したのは管理や事務だけではなかった。得意の営業でも汗をかいたという。

「支店の月間目標額は、新宿で一担当者に過ぎなかった当時の私に課されていた月間目標額の半分以下でした。当初、この達成は大丈夫だなと高を括っていたのですが、実際にはまったく大丈夫ではありませんでした。新宿では金融資産1億円超のアッパー富裕層が顧客でしたが、生田は普通の世帯がお客様でしたから」

そこで、支店長自ら、電動自転車を漕いで顧客回りする日々となった。生田地域は、多摩丘陵の一角に広がっている。道路はアップダウンが激しい。「夏は厳しく、つらかったですね（笑）。でも、楽しく、しかも、大変に勉強になりました」と当時を振り返る。なかでも、その後の教訓として得られたのがクレーム対応だった。

「もちろん、これは大変なことです。こちらが最初の対応を間違うと、お客様のお気持ちとのボタンの掛け違いのようなことが起きてしまう。そして、お客様は振り上げた拳を下ろしにくくなります。お客様に拳を下ろしていただくためには、こちらが丁寧に対応することです。横柄な態度は絶対にダメ。ただし、要求されても、できることとできないことがあるので、そこは曖昧にしてはいけないですね」

それでも、経験不足の若手職員と顧客との間にはトラブルが起きるものだ。そういう場合はどうするのか。

「もちろん、支店長の私が出ていきますよ。でも、それには順番があります。支店長の出番は最後です。『この段階であれば、課長にやってもらう』というようにしないといけません。しかし、課長に任せるといっても、それは課長に丸投げすることではない。事実関係を把握し続けて、そのつど指示します。とにかく、課長に任せても支店長は逃げているわけではないという姿勢をみんなに伝えないとよろしくない。『支店長は逃げている』と思われたら最悪です。一緒に働いている若手職員たちとの信頼関係が崩れてしまいますから」

7営業拠点のすべてが思い出深いというが、自身が「最もヘビーだった」と称するのは国立エリアで務めた支店長の日々である。

「国立では、周辺の支店群を統括する立場と国立支店長の二つを同時に務めました。国立を含めてＪＲ中央線沿線は土地柄も良いのですが、その一方で三菱ＵＦＪが旧三菱時代から強い地域です。それもあって、ずっと支店表彰を受けることがありませんでした。私は国立支店長以前に、同じエリア内の日野支店長をやっていたのですが、日野の規模は小さくて、結局、いくら頑張っても、エリアの旗艦店である国立の実績が上がっていなかったため、国立エリアとしての表彰から遠のいていました」

そんな国立支店に着任したのは２０１４年４月である。引き継ぎの最中に竹巻氏が感じたのは支店内の緩慢なムードだった。そこで、同氏は意を決し、職員たちにこう呼びかけた。

「働きに来ているのだから、仕事をしよう」

竹巻氏はここで３年間、支店長とエリア長の二足の草鞋を履き続けた。その間、国立エリアの顧客特性を徹底的に調べ上げ、相続関連や資産運用などのビジネスを広げていくことで、エリアの実績底上げに注力した。

支店長にとっての最高の褒め言葉とは

その一方で取り組んだのが、若手職員の育成である。まず、第一に竹巻氏は「実績が悪いということでは決して叱らない」ものの、たとえば、「報告内容をごまかしたりすると厳しく叱る」と言う。それは、この人の信条である「常識のある素敵な大人になってほしい」という思いに反するからである。

育成面でのちょっとした工夫もある。それは、新聞記事の精読である。

「たとえば、私たちは変動商品を20年も積み立て投資していただくようなことを提案しているのです。ならば、やはり、新聞くらい読もうよというところからやりました」

そして、新聞記事の内容とその感想をみんなの前で語るということを慣例化した。それは当初、月曜日はA君、火曜日はBさんというような方式だったが、竹巻氏はある日、この方式をシャッフルした。

「順番が回ってくる日しか新聞を読まない子が多いことに気が付いたのです。そこで、私はロシアンルーレット方式に切り替えました（笑）」

その場で竹巻氏が「今日はあなたね」と指名した職員が語るという順不同の方式

だ。名称はやや物騒だが、奇抜なアイデアである。

「読み合わせの目的は単なる知識の吸収ではありません。記事の内容を咀嚼して他人に説明することを通じて、相手に自分が思っていることを的確に伝えられるための練習です。その能力はお客様にこちらの説明を理解していただくことにもなりますから」

母が教える家庭教育のようなアプローチである。それほど、竹巻氏は若手の育成に拘り続けている。その徹底ぶりを実感させるのがこの持論である。

「どうしても、そのお客様を好きになれないと思ったら、取引はしなくていいと言ってきました。仮面はかぶれないし、絶対にウソはついてはいけない。ウソの姿でお客様とお付き合いせよなどと、大切な子どもたちに言えますか。自分もそうしてきたので、やはり、後悔させないようにしたいと思っています」

やはり、立派な大人を育て上げるという母親的な気概である。そんな竹巻氏にとって、印象に残っている一人が西荻支店着任と同時に異動でやってきた女性職員である。

「入社3年目ほどの子でした。異動前の支店ではあまり芳しくない評価を受けていました。たとえば、『異動の際に名刺をもっていかなかった』などと連絡が入りました。本人は前の支店名が入った名刺は持参しても意味がないと思っただけなのですが、それを本人が直接、聞いてしまって泣いているという状況でした。私は『そんなことはどうでもいいよ』と宥《なだ》めて、この子にじっくりと仕事に取り組むようにさせました。そんなに嫌な仕事であればしないで、違うことをやればいいとアドバイスしました。そうしてみていると、どうも、この子は以前の支店長が言っていたような子ではなかった。活き活きと働きだし、しかもその活動量がすごかった。私は頑張るねえと褒めたものです。そして、ついに、この子はその年に同期中トップの成績を上げたのです。私もとてもうれしかったですね。仕事を楽しみながら、その成果を上げたのですから」

この女性職員も含めて、竹巻氏が若い職員たちに言い続けているのは「楽しい仕事をすること」と「お客様に褒めてもらえるようになること」である。そんな若手から「支店長はお客さんのほうしか向いていないですね」と言われると、うれしさは頂点に達する。そのとき、若手職員から「僕らのことは2番目ですよね」と揶揄されて、「いや、3番目かもね」とやり返したこともあると言う。これだけで、支店内の明るいムードが伝わってくる。

顧客の援護射撃と大病からの復帰

「お客様のために」をモットーにしてきた竹巻氏には忘れられない出来事がある。

「担当者だったころの話です。都心に一人暮らししている老婦人がおられました。未公開企業の創業社長の奥様だったのですが、ご主人は亡くなっており、そのうえ、ご主人が生前に後継者として選んだ娘婿の方のほうがご主人よりも先に他界されていました。ご主人は遺言書を遺すなどの相続対策をせず、いわば、骨肉の争いを促すような感じで他界されてしまった。案の定、一人暮らしの未亡人をそっちのけのような、三姉妹による諍《いさか》いが始まってしまいました。

私は、その未亡人からあれこれとご相談を受けて、未亡人のご意向に極力沿うようなお手伝いをしました。それを好ましく思わない姉妹の一人が支店長に『竹巻を母親の担当から替えろ』と電話してきました。支店長は『竹巻がご迷惑をかけましたか』と応じてくれたうえ、その直後には未亡人が『娘の話など聞かなくていい。竹巻さんをそのままに』と援護射撃してくださいました。結局、税金対策などまで含めて無事に決着がついて、未亡人には女性用アパートを建てていただき、ご自身がそのワンフロアにお住まいになられました」

事業を引き継いだ故人の子息との取引も生まれ、アパート建設のローンも提供できた。が、竹巻氏にはさらにうれしかったことがある。その後、生田支店長への異動が決まって挨拶に訪れたときのことである。

「未亡人は別れを惜しんで『一部屋使って、ここに住んだらどう？』と言ってくださいました。私は『ありがとうございます。でも、私は結婚していて、女性用アパートには主人が入れないですから』と答えました。そうしたら、未亡人は『そうね。でも、寂しいわ』と。このとき、本当にうれしかったです」

この一瞬を得るために、銀行員は働いているのかもしれない。しかし、うれしさは顧客との関係だけではない。職場にもある。じつは竹巻氏は本部に異動直前の田園調布エリア支店長のときに、大病を患った。1年間、病気と闘い続けて入院もし、体重は激減した。

「体力的にも辛かったですが、1年間、支店長を務め上げられたのはエリア内の各支店長をはじめ、全員が一致団結して頑張ってくれたからです。私は病気のつらさだけではなく、感謝で泣く毎日でした」

手術後の合併症などにも苦しんだが、いまは幸運にも着実に回復している。おそらく、多くの若手職員たちが気をもんで見守り、いまは安堵しているにちがいない。なにしろ、竹巻氏は厳しくも慈愛に満ちている。孟母は三遷したが、三井住友の〝リテール営業の母〟は、異動で多遷した各職場で数百人の若者を「素敵な大人」になるべく育て上げている。

8　支店長は「のめり込まない」ほうがいい

静岡銀行　常務執行役員　大橋　弘

モットーは「速さ、スピード、速度」

地方創生、地域活性化に向けた取り組みが、全国各地に拡がっている。いうまでもなく、人口減少、高齢化の進展などに伴う地域経済の逆風を打ち返すためだ。金融面からのその担い手が各地の地域金融機関である。なかでも、地方銀行の役割は大きい。地域社会からの熱い期待を背負う一方で、地銀も地域経済の一員にほかならず、地域経済の疲弊を免れない立場にある。日々の業務には苦難も付きまとい、ともすれば、営業現場は暗くなりがちである。

だが、それにへこたれていたら、「地域のトップバンク」の名が廃ってしまう。とくに、支店長たるもの、明るく、しなやかに、粘り強く、逆風のなかを突き抜けなければならない。突破力、実現力を若手銀行員の目に焼き付けなければならない――そんな時代なのだ。

「コンプライアンスで失敗したら一発でアウトというのが、今の時代の支店長です。そのため、中間管理職たちは『そんなに頑張ると支店長にされてしまうぞ』などと悪い冗談を言い合っています」

こう言って、笑い飛ばすのは有力地銀、静岡銀行で地域創生を担当する大橋弘・常務執行役員である。実際、どこの銀行からも「部下を強く叱り飛ばしたら、パワハラ的と本部に咎められてしまい、叱った支店長が外された」というような悲喜劇が聞こえてくる。しかし、だからと言って、支店長は辛いだけの立場というわけではない。やはり、意欲的な銀行員ならば、一度はその肩書が印刷された名刺を配ってみたいにちがいない。実際、大橋氏も名支店長として、その醍醐味を味わってきた。

その本論に入る前に、ちょっと横道に逸れる。内閣官房の「まち・ひと・しごと創生本部事務局」が毎年2月ごろに公表しているのが「地方創生に向けた金融機関等の『特徴的な取組事例』」である。毎年40事例ほどが選び出されている。その常連の一社が静銀である。今年は「小中学校へのＡＩを活用したタブレット型教材導入による地方創生人材育成に関する取組」が選出された。

その数ヵ月前のことである。東京都内でタブレット型端末を活用した新たな教育を開始している公立中学校がその授業を外部者に公開していた。その教室で熱心に教職員やシステム開発担当者に質問を浴びせ、自身でも端末を手に数学の問題を解いている人物の姿があった。正解というマークがタブレットの画面に映し出されるや、ニコリと人懐こい笑みを浮かべている。紛れもなく、公開授業の情報を聞きつけて、いち早く、静岡から駆けつけてきた大橋氏だった。

「速さ、スピード、速度」

大橋氏が支店長時代からモットーとしてきた言葉である。なんのことはない、同じ意味の羅列……。いや、そんなことはない。この畳みかけの言葉に込められた意気込みこそ同氏の真骨頂である。

〝日本一の吊り橋〟建設秘話

それを象徴する出来事は数多い。たとえば、同氏は4ヵ店目の拠点長として、2009年、三島支店長に着任した。すぐに新任挨拶に回り、取引先の一社である遊技場経営のフジコーを訪れると、宮澤俊二社長の背後にある額縁の中に吊り橋のコンテ絵があることに気が付いた。

「『社長、これは何ですか』と尋ねると、『俺、これを造りたい』と。地元への恩返しのために吊り橋の観光施設を建設したいというのです。その純粋なお気持ちがひしひしと伝わってくる話でした。そこで、私はその場で『やりましょう』と協力を約束しました。そして、事業の採算性を調べるために、その翌週、同様の観光吊り橋がある大分県九重町《ここのえ》の『九重夢大吊り橋』を個人的に見学に行き、町役場の人からいろいろと話を聞いてきました」

まさに「速さ、スピード、速度」の動きである。

「湯布院、黒川温泉がバックグラウンドにあり、そこには年間1800万人の観光客が訪れ、そのうち、100万人が橋を渡っているという話でした。箱根と伊豆は観光客4000万人です。私は100万人の実現は容易であり、その事業はできると確信しました」

そこで、大橋氏は静岡に戻って、銀行として吊り橋構想に協力したいと本部に報告した。結果はどうだったのか。

「『何を考えているのだ』と。静岡県は錚々《そうそう》たる製造業が控えるものづくり県です。したがって、銀行には製造業に対する融資の判断能力、ノウハウが十分に蓄積されている反面、観光サービス業への理解度は製造業には及びません。具体的に言えば、融資すると、その返済原資は吊り橋の通行料なのですが、銀行の発想としては、融資の担保は吊り橋で、くず鉄と同じ〝1トン当たりナンボ〟ということになる。そこで、私は年間100万人の訪問は見込めると説明したのです。ところが、本部の調査グループが策定した調書は『せいぜい20万人』でした。それで、この話はボツになってしまいました」

大橋氏が宮澤社長に「やりましょう」と大見得を切ってから、わずか2ヵ月ほどしか経っていないタイミングでの白紙撤回だった。あえなく一巻の終わり……と思いきや、大橋氏はまったく諦めなかった。

「当時、伊豆縦貫道が建設途上でした。縦貫道が開通すると、三島は素通りされて修善寺まで伸びて、三島には観光客が訪れなくなるという危機感が地元にはありました。なんとしても、三島に集客力のある観光スポットが必要となっていたわけです。三島市も応援してくれていたし、そもそも、私は協力を約束したので、引き下がるわけにはいかなかった」

大橋氏はどうしたのか。いわゆる収益性の試算をもう一度やり直した。通行料だけではなく、物販などの観光施設の総合的な展開でのキャッシュフローを描くという試算である。ところが、である。

ここにも大きな壁が立ち塞がっていた。立地が富士箱根伊豆国立公園内にあったため、飲食、物販の施設建設には厳しい制約が設けられていたのだ。再試算の前提が狂ったことになる。誰もが、ついに断念かと思った。だが、大橋氏は諦めなかった。

「県庁の方といろいろと折衝を続けていたら、県が始めた〝内陸フロンティア〟という特区制度の存在を知りました。この特区の指定を受ければ、国立公園内でも飲食、物販もできます。そこで、あれこれと動き回って特区の指定を得て、改めて業務計画を作り直し、本部に提出しました。結果はゴーサインでした」

そのとき、大橋氏がフジコーを訪問し「やりましょう」と言ってから1年ほどが経過していた。支店長の任期は2年程度である。つまり、三島支店長の任期は、すでに折り返し点に差し掛かっていた。そのうえ、事業は大掛かりなものである。結局、三島市に観光吊り橋が完成し、営業を開始したのはさらに5年後の2015年のこと。

大橋氏が道を開いて6年目の完成であり、結局、3人の三島支店長が関わる一大プロジェクトとなった。

「支店長が替わると、いろいろな案件が途絶えて潰れることすらある。しかし、私の後、2代の支店長がきちんとサポートしてくれました。これはとてもうれしい出来事でした」

完成したこの吊り橋こそ、いまや、同市の一大観光スポットとして話題を呼んでいる三島スカイウォーク（正式名称、箱根西麓・三島大吊橋）である。その長さは実に400メートルと観光吊り橋としては日本一の長さを誇る。70メートルの高さから富士山など360度の大パノラマを眺望できる。現在までこの橋を渡った人の数は360万人に達した。

追加分も含む総事業費は約40億円。大橋氏はフジコーの自己資金を除いた約20億円をアレンジャーとなって協調融資で対応した。

「すべて県内金融機関、つまり、オール静岡であり、よい形で支援できました」

審査部から「嘘つき」と罵られて

とにかく、この人物の直観力、実現力は頼もしい。そこで、もうひとつ、「ゴクリと一口飲んで融資を決めた」というエピソードが語り継がれている案件を紹介しよう。まず、そのエピソードの真偽を訪ねると、「本当ですよ」と独特の人懐こい笑みが返されてきた。が、次の瞬間、「ベアードビールを飲んだことはないのですか」ときわめて不満げな言葉が飛び出した。ヤバイことに「取材するならば、飲んでから来い」と眼差しが語っている。

「沼津支店長のときです。ベアード・ブライアンさんという米国人が作った会社がクラフトテイストの地ビール造りに取り組んでいて、修善寺に新たな工場を作りたいと相談してきました。そこで、何はともあれ、味わってみると、これがとてもおいしい。地元の名産品になりえると直感したわけです。投資額は3億円。その規模の案件であれば通るだろうと思い、審査部門を説得しました。ところが、米国人は夢がデカく膨らむ。結局、ものすごい規模の工場へと計画が発展し、融資額は政策金融との協調も含めて11億円ほどになってしまいました。エッ、審査部の反応ですか？　その後、私は『嘘つき』『詐欺師』と罵られましたけど（爆笑）」

「ベアードさんは日本にやってきて沼津が気に入って、そこで日本人の奥さんと知り合って結婚しました。そして、ビール造りをやろうと一念発起し、発酵学の資格を取得するために、米国に戻って学んで帰ってきたという経歴の持ち主です。その熱心さに心打たれた面はありますが、やはり、美味しかった。それに、銀行はいかに販売するのか、どこに売るのかというアドバイスや手伝いはできます。そこは一生懸命に取り組みました」

これが沼津の名産品に並び始めた「ベアードビール」である。地元ではもちろん、いま、東京でも3店舗ほど、横浜の馬車道などでも飲める店がある。

部下が大変になってしまう

それにしても、大橋氏の決断は素早い。そして、この人物には押し切る力がある。それを支店の部下たちはまざまざとみる日々を経験する。

「やはり、事業が成功できると感じる直観と経営者の真摯さです。『やりたい』と語る人の非常にピュアな心に射抜かれてしまうわけです。そうなると、支店では若手職員を担当に据えて、支店長である私と行動をともにさせます。もちろん、徹底的に取り組ませます」

大橋氏は、富士支店長、（静岡）駅南支店長、法人部長、三島支店長、富士中央支店長、そして、沼津支店長を歴任してきた現場の強者である。果たして、どのような支店長だったのか。まず、自己診断を聞いてみると「当初は『俺の背中を見てついてこい』というタイプにあこがれていた部分もあったと思いますが、実際には、どちらかといえば、部下と一緒に走る伴走型かもしれないですね」と言う。

確かに、走者の後ろに控えながら、走者のモチベーションを高めていく駅伝の監督のようなタイプだったらしい。たとえば、駅南支店長のときには、静岡市内の営業現場で新規貸出を担当する職員たちを集めて話をしたり飲み食いしたりして、参加者をワクワク気分にさせていたという話がある。世の中には、計数目標の達成のために「俺の支店が大切で他の支店はライバル」という偏狭な発想に陥りがちな支店長もいないわけではないだけに、同氏の特徴を物語る逸話と言ってもいいだろう。

それと関連するのかどうかは分からないが、大橋氏はコテコテの国内派になる以前、じつは10年強にわたる海外勤務を経験していた。上海、香港、ベルギーという勤務経験である。

「海外の経験はとても良かった。海外から第三者的に自分の銀行を見ることができました。そこで冷静に物事を見る癖のようなものが身に着いたように思えます。目の前の目標に向かって、こんなに狭い視野の中でやらなければならないのはどうかというような感覚が養えた。つまり、激しくのめり込むことはない。のめり込まない支店長でどうするのかという悪評をもらったこともありますけどね」

目の前で語る姿をみると、それは頷《うなず》けるのだが、やはり、この人物は部下の先頭に立って、目標必達の旗を振りまくるようなタイプではなかったようだ。

「支店長がのめり込んでしまうと、部下たちが大変になってしまうから、のめり込まないほうがいいというのが考えです。支店長は支店全体の動きなどを見ながら、『彼はちょっと気を付けて丁寧にサポートしてあげないといけないな』とクールに判断できないといけないでしょう」

それはなかなか難しい役割である。その後、強者になったとはいえ、初めての支店長として着任した時には、さぞかし、緊張したにちがいない。

「そりゃ、緊張しました。でも、新鮮であり、面白かった。それ以前の中間管理職のときは、月曜日はブルーマンデーでした。日曜夕方6時30分の『サザエさん』のテレビが始まると、気持ちが重たくなっていました。しかし、支店長になってからは、月曜日はスカイブルー。『今週もいろいろな方とお会いして、ことここを繋いだら新しい事業が生まれるのではないか』等々、そんなアイデアがいっぱい浮かんできて、日曜日は『早く明日にならないか』と待ち遠しいような気分になっていました。スカイブルー支店長とブルーマンデー部下の差を埋めるために、どうしたらいいのかと考えていました」

毎年交わす「約束手形」

おそらく、初任支店長になって以後、この思いをずっと抱いているのだろう。とにかく、大橋氏は部下を楽しませ、ワクワク気分にさせることに知恵を絞り続けている。創意工夫の人なのだ。たとえば、すでに10年以上続けているのが「約束手形」である。と言っても、部下に本当の手形を切らせるというような物騒な話ではない。

「中小企業の経営者にとって手形を切って期日に落とすのは、とても大変なことです。それができずに、2回の不渡りとなれば会社は倒産して、就業員も家族も路頭に迷わすことになってしまう。したがって、経営者は気概をもって手形を切るのです」

銀行員の厳格な気配がチラリと覗いて見える説明である。だが、同氏が考案し、所定用紙も策定した約束手形は経営者が切るものではない。「毎年末に部下一人ひとりに配って年初に提出させています。手形の管理ですか。そりゃ、私がやっていますよ(笑)」と説明する。

「約束手形と印刷した所定用紙に、自分で設定した目標と、その達成予定時期まで記入させて押印させています。目標は、仕事でもプライベートでも何でも構いません。たとえば、『宅建主任資格を取る』という内容もあれば、『結婚する』もあり『体重を減らす』等々、様々です。手形のサイトは基本的に1年です。不渡りになりそうになると、上司を呼んで『君の部下が不渡りになりそうだから、保証人になれ』と」

手形には期日に決済できずに期限を延ばす「ジャンプ」というルールもある。それはどうなのかと聞くと「ジャンプするやつもいますよ」と笑う。

笑えるほどに軽快な話なのだが、狙いはきわめて真面目と言える。それは「5年後、10年後の自分のあるべき姿をしっかりと描いて日々努力しているのと、流されるかのように一日を終えるだけの日々を送っているのとでは、1年後に差がついてしまう」という厳正な現実に向き合ってきた結果としての施策だからだ。

仕事は性悪説、評価は性善説で

ただし、それを杓子定規に求めれば、若手職員からは距離を置かれてしまう。とにかく、支店長は目の前に見える限りのトップである。そのような上司から「君の目標は何だね」などと堅い言葉で質問されて「それを用紙に書いて提出するように」と命じられたらどうだろうか。ほとんどの職員たちは帰宅後、チリチリと悩むにちがいない。これではワクワク感の欠片すらも抱けない。こんな場面でも持論である「支店長はのめり込んではいけない」のだ。

「支店長は当然ながら、目標の計数で縛られています。本部からはその達成率などが厳しく確認される。そのはけ口が部下に向かってしまいがちになる。そういう場合、往々にして部下を叱るにしても逃げ道を与えないようなやり方となってしまいます。叱ってもいいから、きちんと逃げ道を作ってあげて、追い詰めないようにしないといけません」

それでも、大橋氏も叱ることはある。どういう場合かと言えば、「ウソをついているときと、時間を守らないとき」だそうだ。

「ウソをつかれているときはすぐに分かるものです。態度で察しが付くし、たとえば、訪問計画表と資金需要の出方を見比べて行動と実績が合わないケースでは行動管理にウソがあることが見えてきます。そのときには、お客様に『最近、ウチの担当者はお邪魔していますか』と聞きます。とにかく、コンプライアンスなどが厳しいので管理は厳しくないといけません。結局、部下と銀行を守ることですから。そこで、次長や役席者には『何か隠し事をしていないかをきちんと見なさい』と言っています。ただし、評価はそれではいけません。悪いところをみるのではなく、いいところを見ないと。そこで、常々、言ってきたのは『仕事は性悪説で、評価は性善説で』という言葉です」

なかなか含蓄のある言葉である。銀行はしばしば、減点主義の評価体系と言われている。そうではなく、日々の業務には厳しい目を向けても、評価は加点主義という発想と言える。でも、現実には実績がモノを言うのが職場であるが……。

「いや、プロセスをきちんと評価してあげないといけませんよ。私は、二つのカテイを大切にと言っているのです。もちろん、ひとつは家庭です。そして、もう一つは過程。つまり、プロセスです。一生懸命にやっていてもなかなかその努力が報いられず、結果が出ない子はいますから。たとえば、そういう部下には『言い訳はいいから、プロセスと断られた件数を報告してこい』と言ったりして」

銀行員の醍醐味

大橋氏が支店長を務めている間、信念として持っていたことのひとつが「新入職員を一人も辞めさせたくない」という思いだった。それは銀行の仕事の素晴らしさを実感してもらいたいと強く思っていたからだ。たとえば、一人が辞めそうだという話を耳にしたとき、どうしたのか。

「彼が取り組んだ住宅ローンで自宅を建てたご夫婦にお願いして、彼を夕ご飯に招待して頂きました。その席で、ご夫婦に『Aさんのおかげで、こんないい家を持てて本当にうれしい』という話をしてもらいました。この部下はそれ以来、目の色が変わって仕事に打ち込むようになり、今は個人表彰を受けるほどに活躍しています。お客様に喜んでいただくのが銀行員の醍醐味です。それが分かれば、この仕事が好きになります」

大橋氏自身もその醍醐味を味わってきた。たとえば、かつて、賞与資金の確保に苦しんだ中小企業を担当した時の話である。結局、銀行では融資はできず、経営者は自家用車を売却して資金を捻出した。その後、大橋氏はこの企業と向き合って「この会社が持っている技術に着目して、新しい取引先をマッチングしたりしました。もう30年以上も前の話です。社長さんは大変に喜んでくれて『自分の息子が結婚するときには仲人をやってくれ』と。まだ息子さんが中学生のころのことです」

それから十数年が過ぎたある日、付き合いも途切れていたその社長から連絡が入った。「『あのときの約束通り、息子の仲人を』と頼まれました。これは、本当にうれしかったですね」

いま、大橋氏は地方創生担当の役員を務めている。しずぎん本部タワー14階にある同部門のスペースの奥に大橋氏のデスクがある。そのデスクの背後の壁には、大橋氏が事業案を記したポストイットが、所狭しとばかりにズラリと貼られている。それを見た職員は「自分がやりたい」と立候補することができ、実現したら、そこからはがすことが許されている。そう、大橋さん、ここでも「約束手形」をやっているのだ。

人に頼られ喜ばれる銀行員になるために、目標を抱かせて軽快に楽しく走り続けさせる——。「速さ、スピード、速度」を追求する静銀バンカーのしなやかな姿がここにはある。

9　銀行のルールは「絶対」ではない

三菱ＵＦＪ銀行　執行役員　川井　仁

３３０名を擁する巨大支店

支店長は「一国一城の主」と言われてきた。絶対的な決定権限と、その裏腹として必然的に背負うことになる重たい責任――。場合によっては、取引先企業の命運に関わり、部下たちのその後の銀行員人生をも決めてしまう。要は、その能力と胆力で、支店の浮沈が分かれてしまいかねない。近年、本部による管理態勢が強化され、支店長権限が狭まったとはいえ、支店職員たちの絶対的な頂点にいることに変わりはない。だが、今の時代は、部下への厳しさをひとつ間違えると、パワーハラスメントで訴えられるリスクもあるように、辛い職責というイメージすらないわけではない。

とはいえ、取引先企業を後押しし、部下をいっぱしの銀行員に育て上げるという使命は何ら変わらない。銀行には難しい時代であるからこそ、営業現場を支える支店長の存在感は増しているとも言える。やはり、支店長は若手銀行員にとって、目に見える範囲において、最高の目標のはずである。

もっとも、銀行の支店と言っても、じつは一様ではない。銀行によっては法人顧客専門の支社と、個人顧客のみを担当する支店という区別をしているところもある。さらにいえば、規模は大小さまざまだ。一口に支店長と言っても、それらの違いによって、自ずとマネジメントのあり方はかなり違ってくる。

通常、銀行支店の規模といえば、支店長以下50～60名程度の陣容でも大規模と言える。しかし、三菱ＵＦＪ銀行京都支店は別格である。２０１８年11月、同銀行の法人取引店舗の京都支社と、一般的な店舗である京都支店が統合し、新たに生まれたからだ。

もともと、京都市の大繁華街の一角にあった京都支社の規模が、群を抜いて大きかった。同銀行の母体である東京三菱銀行とＵＦＪ銀行がともに、京都の老舗企業との取引を積み重ねてきた古い歴史があり、両行の京都拠点が統合して誕生した経緯があるためだ。

その110名程度の支社と、220名程度の旧支店が統合したことによって、新たな京都支店は約330名を擁する巨大店舗となった。

資産規模も巨大である。一切公表されていないが、「中小の地銀に匹敵する」という定評がある。「そうなのですか」と水を向けると、「そのくらいになるかもしれませんね」という答えを返してきたのが、執行役員で京都支店長の川井仁氏（52歳）である。

精悍な雰囲気が漂う。しかも、沈着冷静そうで隙というものがない。エリートビジネスマンを絵に描いたら、こんな感じになるにちがいない。優秀な人材が豊富な銀行のなかでも異彩を放つタイプのようにみえる。

それもそのはずである。川井氏の経歴は一般的な銀行員のそれとはかけ離れている。入行直後こそ、通常の営業店を経験したものの、それ以後は、市場部門、大企業取引、そして、証券会社への2度にわたる異動まで経た特異なキャリアの持ち主なのだ。30年ほどの銀行員人生のうち、じつに11年強を証券会社で過ごしている。こんな人はめったにいない。

銀行の大企業取引のセクションは、RM（リレーションシップ・マネージャー）と呼ばれている。現職の直前には、本店営業部でＲＭを束ねる部長を務めていた。それと支店長は何が違うのか。そう問うと、「まったく違います」という言葉が間髪を容れずに返ってきた。

「営業本部の部長は本格的な経営という発想が乏しくても、組織は回ります。しかし、ここがエクセレントな企業が多い京都であるということもありますが、まさに企業経営者のスキルがないと難しいと思いますね。求められているのは収益をあげていくだけでないのですから」

それでは、何を求められているのかと聞くと、再び、条件反射のようなスピードで「京都の街を通じて、世の中をどのように良くしていくのかが求められています」という言葉が打ち返されてきた。ほかの人が言うと、一種の「臭さ」を感じかねないような表現だが、この人物が語ると様になるから不思議である。が、それにしても、会話の間合いが瞬間的というほどに答えが素早い。

組織を底上げするための方法

じつは、川井氏は大学生のアメリカン・フットボール界では有名な選手だった。慶応義塾大学の同部で副将を務めて、オールジャパンにも選抜されている。そのキャリアについて、自身が語った「新会員スピーチ」の内容が京都ロータリークラブのホームページに公開されている。引用してみよう。

学生時代6年、社会人9年、計15年間アメリカン・フットボール（以下アメフト）の選手として日本一を目指す中で「約束」と「自己責任」の大切さを学んだ。高校進学と同時にアメフト部に入部を希望するも、身体が小さく華奢な息子の怪我を案じた両親の猛反対で断念。しかし、諦め切れず1年がかりで説得し、「怪我をしない、学業優先」を条件に許しを得た。2年後、「約束」を果たすことで信頼と自信が生まれた。大学でも日本一を目指してアメフトを継続し、入院を伴う大きな怪我もなく学生スポーツを全うした。社会人は違った。社会人ではアメフトをしないと決めていたが、日本一を目指す銀行のアメフト部から勧誘され、夏から渋々アメフトを再開した。仕事量は他の新入行員と変わらず、土日が練習で潰れる。その年の秋の公式戦での銀行対決。両行頭取が観戦する試合は観客1万人超（？）の東京ドーム。私は試合終了を待たずに救急車で病院に運ばれた。手術を伴う入院期間は2ヶ月。「自己責任」を痛いほど学んだ。

川井氏の人柄がうかがい知れる内容である。この経験の中で、鋭い反射神経も育まれたに違いない。しかも、アメフトはフォーメーションのなかで各選手の役割が厳格に定まっている。究極的なチームプレーのスポーツであり、「究極の指示行動のスポーツ」でもある。「決められた行動ができるという大前提の下で、いかにしてその時々の状況に素早く対処していくかが求められる」と川井氏は説明する。この説明を意識しながら、同氏の話を聞くと「なるほど」と思える節が随所にある。

「(旧支社の) RM部門は、副支社長と3人の部長がいて、次・課長が10人ほどという態勢です。その下にRMの担当者たちがいるわけであり、彼ら、一人ひとりをハンズオンで育て上げることは現実的ではない。そうではなくて、とにかく、部長、次長というミドルマネジメントクラスのスキルを引き上げて、全体が回り、結果として若手が成長していくように運営しています」

銀行の支店長といえば、若手職員一人ひとりを指導している。しかし、100人を超える大所帯となれば、そのやり方はできない。確かに、経営的な手法で底上げを図るしかないが、中間管理職にマル投げではない。そこには、まさに川井氏独特のフォーメーションの妙がある。そのひとつが自身のスケジュール管理である。

「重要な案件などは2年先くらいまでのスケジュールを立てているし、内部の予定も決めて、それを部下たちが分かるように『見える化』しています」

こうすると、部下たちは自分たちのトップがどのような段取りでいるのかが分かるし、さらにはそれを通じて、トップの考え方すら認識できる。さらにそのスケジュールのなかには、部長以上による「経営会議」を毎週開いて、やはり、「テーマごとに2年先まで誰が何を担当し取り組むのかを決めている」と言う。これはミドルマネジメントのスキルアップでもある。

「結局、人間商売ですから」

それだけではない。ほとんどの担当者と毎月1回のミーティングも行っている。

「個別の取引先企業について15分から30分程度を費やします。どういう計画でどうしているのか。それぞれのタスクがどうなっているのか。彼らが日々の活動の中で迷わないように、個々にアドバイスしています」

こうなると、川井氏はほとんど外出せず、内部で管理しているように思うかもしれない。だが、そうではない。1日の大半は外出しているからだ。なにしろ、取引先企業は、ビッグネームのグローバル企業が少なくない。それらの企業のトップと会うためには、こちらもトップが出向くしかない。毎週1〜2回は顧客との昼食が入る。夜の宴席も続く。

「外出せずに内部にいるのはせいぜい2時間程度」という多忙なスケジュールを縫ってのミーティングをこなしている。さらに顧客との昼食会がない日には、担当セクション別に担当者たちと昼飯をともにしている。それも1年先までスケジュール化されている。ただし、このとき、川井氏は「仕事の話はほとんどしない」と言う。

「笑い話しながら世間話をするだけです」というが、それでいながら、若手職員たちの様子をみている。「たとえば、家族で夕食をしていれば、子どもの様子など手に取るようにわかるでしょう。それと同じです。調子が悪い、悩んでいる等々、よくわかりますから」

理路整然とした語り口はクールな印象を与えるものの、頼りがいのある兄貴分のような人柄がこの言葉から覗いてみえる。銀行の仕事とは、と尋ねると、「結局、人間商売ですから」という思いもかけない言葉も飛び出した。

「仕事には自分の個性が出ます。だからこそ、楽しまないといけません」

だがそれは、言うは易く、行うは難し。どうやれば実現できるのか。

「私の場合、仕事はもちろん楽しくやるのですけど、たとえば、仕事があるからと言って、プライベートなことを犠牲にするということはしない。プライベートなことを大切にするためにも、仕事の時間を極力短くする。つまり、効率的にやっていく。これは常日頃から心がけていることです」

そのためにも、マネジメント層が重要なテーマの「見える化」をして、それをPDCAサイクルにかけていくことが大切であると言う。そして、「とにかく、行き当たりばったりの仕事はせず、大切な事案は2年先まで視野に入れておくことです」と持論を説く。

ところで、銀行は通期（1年）ごとに、営業拠点に営業目標を賦課している。その仕組みと、長期的な取り組みという姿勢は一致するのだろうか。まず、川井氏は営業目標をいかに考えているのか。

「もちろん、営業目標は絶対に達成すべきです。ただし、部下に対して、つねに言っていることですが、目標はあくまでもメルクマールです。つまり、目標達成に取り組むのではなく、お客様に貢献できることをやる。それが結果的に目標を達成することになっていくと。もっといえば、目標にお客様の要求があるわけではなく、お客様が我々に向けている要求、期待は、その2倍も3倍もある。したがって、営業目標などは『最低限、これを超えよう』というメルクマールにすぎない。裏返せば、目標を達成すれば今期は終わりという感覚を持つ向きもいないわけではないが、それは明らかに間違っています。たとえ、お客様の要求が目標を下回っていたとしても、120％打ち返しているというのがいいのです」

顧客のために着実な仕事をこなしていけば、自ずと営業目標など達成できるというわけである。しかし、現実には、それを実現できない部下もいるはずである。そのとき、川井氏はどうするのか。

「営業目標が達成できないことには様々な要因があると思います。したがって、一概に営業目標が達成できないからといって、担当セクションやその人間がダメであるというやり方は絶対にしません。ただし、拠点の目標を与えられた私の場合はそうではありません。目標を達成するというミッションなので、それができないということは、私がダメであるということになる。それだけのことです」

沈没する船に最後の一人となって残る船長の立場を自身に与えていると言える。まさに体を張った勝負なのだ。だが、ときとして、厳しい姿勢も部下には見せると言う。

「明らかに悪い内容の報告が遅かったりしたときは叱ります。えっ、どう叱るかですか？　無茶苦茶に厳しいですよ（笑）。理詰めです。絶対に感情的には怒らない。ただし、そいつを叱るというよりも行為を叱ると言った方がいいですね。叱っても、それが終われば、普通に会話しますから」

しかし、普段、クールな人が叱るというのはかなりコワイ。近寄りがたいトップと部下たちは思っていないのか。

「たぶん、話しにくいと思っているでしょうね。でも、私はそれでいいと思っています。話しやすいことがすべてではないのですから。遠い存在でも、きちんと見てもらっているという安心感があればいい。反対に、日頃はコミュニケーションをよくとっているものの、いざというときに、何もやってくれないという人って少なくないでしょ。日頃はちょっと怖いけど、アドバイスは的確で、失敗してしまったときには、すべて責任を取ってくれるという人を私自身がみてきているので」

部下の仕事を〝壊した〟理由

確かに、あらゆる企業で上司には、日ごろは調子がいいが、いざというときに逃げるタイプと、近寄りがたいほど怖いが絶対に逃げないタイプがいる。仕事は平穏無事なだけではない。必ず失敗や困難にぶち当たる。そのとき、上司に逃げられたら、それはたまったものではない。相互の信頼は崩れて、次の仕事に支障を来すことは目に見えている。その逆であれば、部下は上司に信頼を深めて成長していくに違いない。

そんな川井氏の真のコワさを象徴するような逸話がある。部下が顧客から得た取引を、わざわざ〝壊し〟に行ったというのだ。まず、その真偽を尋ねると、あっさり「その通りです」と即答した。

「部下がお客様から可愛がっていただけるのはとてもうれしい。しかし、それは日々熱心に活動している部下の姿を見たお客様が、部下の評価が上がるだろうと取引を発注してくださったものでした。これは、お客様のニーズに応えるという銀行員の本来の役割とは明らかに違います。そこで、私は、お客様のもとを訪れて、その趣旨を説明して取引を撤回していただきました」

多くの支店長は部下に「君、よく頑張った」と褒めるに違いない。ところが、川井氏はまったく異なる動きに出たわけである。要するに、お客様のためになるという本筋から外れたことは認めないという態度の表明と言える。もっとも、それが本筋であっても、部下はがっかりするのではないか。

「もちろん、我々の営業実績がそれだけ後退するわけですが、決して部下のためにはならない。その点をお客様に納得してもらいました。でも、その部下のことはきちんと評価していますよ。また、こういうケースもありました。同様にお客様からの協力を得た取引だったのですが、担当者にその経緯や内容を確認したところ、筋を曲げたわけではないことがわかりました。ただし、本来のお客様のニーズからすると、スケジュールが極めてタイトであることは明らかなので、あらためてお客様にご判断いただき、結果的に次の営業期の取引になりました」

なんとも、厳しい態度である。だが、若手職員にとっては、まちがいなく、何のために日々の活動をしているのかということを再確認することになる。「数字のための営業」という隘路にはまり込むこともないだろう。クールなようでいて、深い愛情にあふれた話なのだ。

これも、狡い戦略での得点を潔しとはしないスポーツマン体質の表れかもしれない。そこで、最後に、銀行に体育会系は向いているかどうかを聞いてみた。川井氏は「身体が丈夫でないといけないから体育会系はいい」と冗談を飛ばした後、真顔に戻って持論を語りだした。

「上から『こうやれ』と言われて、その指示だけをしてきたような体育会出身者はダメですね。自分たちで絶えず考えてきたような人たちは向いています。しかし、これは体育会に限ったことではありませんけどね」

自分で考える能力こそ、銀行員の条件というわけである。そこで、若手銀行員へのアピールを求めると、この人物らしい持論が飛び出した。

「金融は創造的な脳の世界です。こうなればお客さまにも銀行にも好ましい状況が生まれるというようなことを自由に発想していく。ところが、若い人たちでも『規制があるから難しい』『銀行のルールはこうだからダメです』というようなことを言う。私はがっかりします。まずは自由に発想し、それが正しいことであれば、ルールを変えればいい。ルールは絶対ではありません。自由に発想して正しいことをすることが重要です」

タッチダウンという目標に向けて、怜悧な頭脳と熱い心でフィールドを疾走する。

やはり、川井氏は鍛え上げられたアメフトマンである。

10 すべて許すから隠し事を報告せよ

みちのく銀行　常務執行役員　浅利健一

銀行員になってはいけなかった男

誰にも浮き沈みがある。人生の道は決して平坦でも一本道でもない。自然と足取りが軽快になるときもあれば、一歩も前に踏み出せないようなつらい日々もある。紆余曲折とはよく言ったもので、銀行員人生もその例に漏れない。快調に飛ばせる「絶好調」の局面もあれば、空振り続きのときも訪れる。大きなミスを犯してしまうことすらある。要するに、晴天ばかりが続くわけではない。土砂降りもあるのが銀行員人生だ。

ましてや、いまは先行きが見えにくい視界不良の時代である。若手銀行員は不安を抱きやすい。そこに仕事のミスや失敗が重なれば、否応なく、絶望感に襲われかねない。その状況をいかに克服させていくのか。ここでも支店長の手腕が試される。苦楽の年輪を刻んできた支店長こそ、隘路にはまり込んだ若手銀行員を救い出せる。

浅利健一氏（57歳）。青森県のみちのく銀行の常務執行役員である。2019年4月、それまでの本店営業部長から青森地区本部長に就いた。同銀行の営業部門における重鎮のひとりだ。五所川原、青森という大店の支店長を歴任し、弘前営業部長も務めた。いわゆる、バリバリのやり手である。

そのような話を事前に聞いていると、どうしても、どっしりしていて厳しいというイメージが浮かんでしまう。だが、実際の浅利氏は、それとは程遠い軽妙な人物である。

「エッ⁉　なぜ、銀行員になったのかですか。私は絶対に銀行員になってはいけなかったような人間ですよ。生まれは、いまの秋田県大館市。農家の一人息子です。つまり、本来は後を継いで農業しなければならなかった」

「父親は農機具を借金して買って、農閑期は東京に出稼ぎ。貧乏だから、当然、大学に行くなどという発想はなく、親は地元の訓練校に入れて農業させるつもりでした。ところが私は商業高校に入学した。そこを出て地元の製材企業に勤めるかな、なんて考えていた程度で、のんびりしていました。そうしたら、友人たちがどんどん銀行に就職が決まっていく。商業高校ですから。そこで、学校の先生に聞いたら、青森のみちのく銀行が募集しているというので、製材企業に出すはずの履歴書を書き換えて提出しました」

昭和の農村風景が思い浮かぶような話だが、親に相談なしの行動である。

「父親は出稼ぎでいなくて、母親が『絶対に銀行には行かせない』と。一晩、泣かせてしまいました。ひどい話ですよね。それで受かって入行しました」

後述する波乱の銀行員人生の幕開けに相応《ふさわ》しい話である。

その前に浅利氏が入行のために県境を越えてきた仕事の地、青森県に触れておきたい。一般的に東北人といえば、控えめ、生真面目といったフレーズで括られがちである。だが、そうしたなかで、青森県人は異彩を放っていると言われている。豪放磊落、冗談好き、底抜けに明るい。津軽海峡を「あれは川だぁ」と言ってのけるほど。要はラテン的である。この特性を押さえないと、青森を巡る話は理解できないかもしれない。浅利氏は秋田生まれだが、人生の過半は青森である。すでにこの青森の気質が相当に入り込んでいる。

人生観を変えた出来事

浅利氏は、「よほどのことがない限り、部下を怒らない」支店長であると言う。それでも、「怒ったことはあったな」と思い出して「ウソをつくのはやはり、ダメですね」。元来の気質がそうなのかもしれないが、銀行員人生のある時期がこの人柄を形作ったようにも思える。それは30歳代に直面した苦難の日々である。

入行後、能代支店、三沢支店を経て、本部の業務推進部に所属していたとき、長男が小児がんに罹病していることがわかった。すでにステージ4だった。

「それで故郷の大館支店に転勤し、自宅を建てて、仕事と子供の看病という生活になりました。当時5歳だった息子の5年生存率は、25％と宣告されていました」

銀行は34歳の浅利氏を融資課長に昇格させた。大変な私生活への応援もあったにちがいない。浅利氏もそれに応えようと必死になって融資をぐんぐん伸ばしたのだが、あるとき、その実行した融資に焦げ付きが発生する。責任を問われた浅利氏は、まもなく課長から一担当者に降格された。

しかも、国内景気は冷え込む時期に突入し、取引先の企業の倒産が相次いだ。思い悩む浅利氏は、床に就いても眠れない日々を余儀なくされる。過度な睡眠不足で寝返りを打てないほどに肩が凝って首が張り、吐き気ももよおす。

「死のうと思いました。息子の病状はいよいよ厳しくなり、余命1ヵ月という状況。自分だけが死ぬのは不憫だから家族ごと無理心中しようと、真剣に考えました」

しかし、それを思いとどまらせる人がいた。ほかでもない、病床にある長男だった。

「末期で治療法がなく、病院ではなく自宅療養に入っていて、痛み止めの紫色の麻薬を欠かすことのできない状態でした。もう歩くこともできない。薬が落ちると這いずりながら拾いに行くような子供が私を見て『お父さん、大丈夫？』と。いったい、俺は何をやっているのだろうと思いました。そこから、やはり、生きなければいけないと思い直しました」

長男はそれからしばらくして、息を引き取った。小学3年生だった。「本当によく頑張ったと思っていますよ」と今でこそ冷静に振り返ることができるが、その喪失感は計り知れない。

「息子が元気なころ、36歳で支店長になるというのが私の目標でした。しかし、銀行が配慮してくれた課長ポストは、その恩に応えようと銀行のために尽くしたことが災いして棒に振りました。そして、息子は亡くなってしまった。会社に冷遇され、息子も失い、人生観が変わったのです」

見てくれていた人たち

傷心の浅利氏に追い打ちをかけるような人事も命じられた。一担当者に降格のまま、大館支店から比内支店へと異動させられ、同期の支店長の下で働かざるを得なくなったのだ。この時のつらさはいまも忘れていない。

「銀行のために一生懸命にやった人が評価されない。むしろ、バカを見るようなことは絶対に許されない。いま、私は『ムダなことはするな』と部下たちに言い続けていますが、それはこのときの体験があります」

怒らない支店長という浅利氏の原点と言える話である。だが、この苦難の日々から、浅利氏はいかにして盛り返していったのか。

「取引先の社長が『当社に来ないか』などと言ってくださっていました。そんなときです。当時、常務だった杉本（康雄）前会長が比内にきて、夜、焼鳥屋で『浅利、頑張っているな』と私のことを気にかけてくださったのがうれしかった。それから、当時の大道寺（小三郎）頭取も比内にやってきたのです。以前、本部の業務推進部で広告を担当していて、頭取とは直接打ち合わせをしていたので、私のことはご存じでしたが、もちろん、末端の私がその後、比内に異動していることなど知っているはずがない。本店にお帰りになる時、みんなで頭取が乗っている自動車を見送ろうとしていたら、スーッと後部座席の窓が降りて、『浅利君、お前はここにいる理由があるのか』と。私は『いいえ、もう息子は亡くなったし、ここにいる理由はないです』と答えた瞬間、何も言われずに窓が上がって自動車は走り去りました」

目標より8年遅れの支店長就任

それからしばらくして、浅利氏は本部に呼び戻された。かつて部長代理を務めていた、古巣の業務推進部である。ただし、このときもやはり「ヒラ」だった。

その後、みちのく銀行は経営問題に揺れたり、邦銀唯一だったロシア拠点を手放したりという混乱期を迎えた。それが収束したころ、44歳の浅利氏に転機が訪れる。初の支店長就任である。それも大店である五所川原支店長への異動だった。

「五所川原は独特の地域で、一家言を持つ経営者たちがおられる。だから、ここの支店長はベテランが就いていたのですが、こちらは新米です。『これは大変なことになった』と思いました。辞令を役員から渡された時、『ありがとうございます』とは言いましたが、正直なところ、『勘弁してよ』と叫びたかった。慌てていたので、辞令をつかみきれず床に落としてしまったほどです（笑）。『なぜ、新米の私が五所川原なのですか』と訴えると、頭取は『まあ大丈夫だ。やってみろ』という軽い感じ。銀行内では、誰も『おめでとう』と言ってくれず、代わりに『酒を飲み続けて体を壊さないように』という忠告や同情をもらいました」

予感は的中した。有力企業の経営者のもとに新任挨拶に行って「よろしくお願いします」と名刺を出しても、「ナンダ？」という感じで相手にしてくれない。地元財界が開催した歓迎会では「いつ転勤するんだ？」「お前なんか、ロータリークラブに絶対に入れんよ」などと、ずいぶん〝きたえられた〟。浅利氏の言葉が南部弁や津軽弁ではなく、秋田弁を話す〝よそ者〟だったこともその原因だったという。

「着任して1ヵ月ぐらいは毎日、そんな感じでした。みなさん、そんな扱いをしながら、私がどんな人間なのか、品定めしていたわけです。私は着任して、すぐにアポなしでお客様を回り続けて、飲み会はお客様が『もう帰る』というまで帰らないというルールを作り実践し続けました」

とにかく、浅利氏は昼夜、地元の経営者と付き合い切った。そのうち、顧客からは「あの支店長だばじょっぱりだはんでの（あの支店長は負けず嫌いで根性があるな）」という評価が立つようになる。

「『お前はケヤグだ』などと言われるようになりましたね。えっ、ケヤグ？　やはり、知らないのか（笑）。マブダチのことです。とにかく、五所川原ではお客様に育てられました。それから、本部が長くて、現場経験に乏しかったので、部下たちに教えてもらいました」

同時にこの店で、たとえば「苦情で来店した老人がカウンターで話をして帰るときには笑顔になっている」光景を目の当たりにした浅利氏は、「津軽の女性たちの実力」を痛感。そこで、考えついたキャッチフレーズが「愛と感動」である。部下、同僚を信頼し、お客様を愛して、店を愛し、仕事を愛する。そして、お客様に満足と感動を得ていただき、その感動を自らのパワーに変えて、さらに向上していこうという思いを込めた言葉である。これを紙に書いて壁に貼っていた。後年、書道の上手な女性行員に毛筆で大きく書いてもらい、それを掛け軸にして職場に飾るようにした。

「信頼なくして愛はない。努力なくして感動はないと。しかし、掛け軸を作ったとき、部下からは『24時間テレビ』のマネか、とからかわれましたけど（笑）」

それでも、浅利氏はいまも、この掛け軸を飾り、半期ごとの業務運営方針のタイトルにも「『愛と感動』で業績アップ！」というタイトルを打っている。

徹底する「3つのA」

五所川原の2年間は瞬く間に過ぎた。次に着任したのが青森支店である。やはり、大店である。だが、同店は規模の大きさもさることながら、もうひとつ、別次元の課題を抱えていた。事務レベルの悪さである。

「店舗統廃合の影響もあって、事務は停滞気味で、事務トラブル等々も起こしがち。事務レベルはゲッパでした。ゲッパですか？　これ、標準語だと思っていました。要するに、ビリということです。行内の事務検査の結果は、良い方からA、B、Cの順となるランクで、この店だけがCランク。ゲッパですよ」

そこで、浅利氏は30歳代の代理クラスを集めて「改革策を考えてこい」と命じた。

「そういう場合、課長など役席者は、支店会議を強化するとか、コンプラ・セミナーを開催するとか、チェックリストをどう変えるとか、定番のことしか言わないものです。そこで、若手クラスに考えさせたのですが一人の男性行員が提案したものが目を引きました。これは面白いぞと」

そもそも、浅利氏が若手クラスに求めたのは「Aを目指す」ための方策である。すると、この若手行員が持ち込んだのは「Aを目指そう」を超えた「トリプルAを取ろう」だった。ただし、である。このAは事務検査の最良ランクのAではなかった。第一のAは「朝飯、食ったか」であり、次のAは「安眠したか」、そして、さらに『ありがとう』を言おう」である。要するに、頭文字のAである。やはり、青森はラテンなのだ。

しかし、浅利氏はこれを合理的と判断した。

「朝飯をきちんと食べるような、きちんとした生活態度からミスの撲滅を目指し、安眠するような健康な毎日を送って注意深くなる。そして、『ありがとう』は、まさしく（キャッチフレーズにも掲げている）愛そのものですから」

この内容を厚紙に印刷して各自のデスクの上の常に目に付くところに置くことによ

って、意識改革を図ることを目指した。たとえば、朝飯を食べたらマル、朝飯を抜いたらバツをつける。結果として、すべてがマルであれば、「トリプルA」である。真面目なのか、冗談なのかが定かではないような話だが、浅利氏は至って真剣である。それもそのはず。効果はてきめんだった。

「半年後、青森支店は事務レベルで全店トップになりましたから。しかも、事務が改善すると、業績は自然と上がってくるものです。職場の改善とはそういうものですから。ただし、業績トップとなったのは私が離任してからでした。五所川原もそうでしたが、どうも、私はタネを蒔く人であり、刈り入れは次の支店長となる（笑）」

「隠し事を報告せよ。すべて許す」

浅利氏はそれでも構わないという風情である。職場が明るくなって、若手クラスがやる気を高めるのならば、半ば目的は達成できたと思っているからだろう。その証拠に、この人物は部下を褒め続けている。

「毎日、ヒーローを作ります。たとえば、新入行員が投信を20万円販売したら、その日のうちに褒めてやれと役席者には言っています。つねにリアルタイムで褒める」

褒めるだけではない。ミスをしでかしても怒らない。むしろ、チャンスのように思っているフシがある。たとえば、こんなことがあった。

「女性職員が手形交換の手続きでミスをしました。それで、決済の相手側の金融機関に迷惑がかかった。私はその時、その担当行員とともに、相手側の金融機関を訪問して、支店長に『申し訳なかった』と頭を下げました。相手の支店長からは『わざわざ、支店長にきてもらってありがとうございます』と言われて、ことは収まりました。私は相手先に向かう車のなかで、女性職員に『これは君が頑張った証拠であり、ただし、気を付けるようにという神の声があったということ。だから、何も心配するな』と伝えました」

こんな時、チクチクと嫌味を言ったり叱り飛ばしたりした挙句、「君の不始末だ。君が謝りにいけ」と突き放す支店長もいるだろう。ところが、浅利氏はまったく違っていた。それで、この女性職員はその後、「個人営業部門で4期連続で全店トップを達成しました」と言うのだ。

「若手、中堅の職員の間では『支店長になりたい』という者はほとんどいないのですが、『彼女のようになりたい』という者は大勢いますよ」

ちょっと考えると複雑な思いがする話だが、少なくとも、浅利氏に怒られず諭された彼女が一発奮起し、魅力ある職員になったことはまちがいない。とにかく、叱らずに褒めることに努めているのだが、そのためには叱らざるを得なくなるような場面を作らない工夫をしている。半年の営業期末が迫ってきた時点で行う独特の宣言もそのひとつだ。

「たとえば、当該年度もあとわずかになったころに『今週1週間のうちに、隠していることがあれば、すべて報告に来るように。そうしたら、すべて許す。あとは俺が何とか処理するから』と言います。すると、『じつは自動車をぶつけました』とか『取引先とトラブっています』等々、いろいろと出てくるのです。それらを隠し続けて悶々としていたら、いい仕事ができるわけはない。報告を受けたときにどうするか。まずは『ほうら、俺に報告しただけで気分は随分と楽になるだろう？』と言います。なかには、常習犯のような子もいますよ。そういう子は異動先でまた、部下になったりする。そして、再び、彼が異動になるときの歓送迎会などに出ると『俺は、お前の歓送迎会に何度出るのだろう』と言って互いに笑います。腐れ縁というやつですね（笑）」

支店長の醍醐味

そんな明るい支店長の浅利氏に支店長の醍醐味を聞いてみた。

「やはり何といっても、部下の成長を目の当たりにすることです」

あともうひとつはやはり、闘いの勝利だという。

「難攻不落と言われてきた企業から新規取引を獲得したときは最高ですよ。とくに、他の銀行がメインバンクであるような取引先からメインの座を奪ったようなケースです」

そのような一社が手掛けた建物の鉄筋骨組みを映した大きな写真が浅利氏の部屋の壁には飾ってある。

「この会社の社長が『浅利にこれをもっていけ』と命じて、そこの社員の方が額縁に入れて持参してくれたものです。社長として『浅利よ、きちんと飾っておけよ』ということでしょう。これは、『お前はケヤグなのだから』と言ってくださっていることだと思っています。名誉なことです」

そして、この写真の隣に飾られているのが「愛と感動」の掛け軸である。子息を失うという苦難を乗り越え、銀行員としても浮き沈みの辛酸を嘗めた一人の銀行員がたどりついたもの——それは根っから明るく振る舞って部下たちをなごませ、褒めたたえるという、青森的なラテン体質の支店長だった。この人物の前では「愛と感動」はことさら深い意味を持っているといえよう。

11 本部から20年ぶりに現場復帰
三菱ＵＦＪ銀行　新宿新都心兼西新宿支店長　正岡秀臣

新宿から中野周辺を自転車で30km走った日も

顧客から絶大な信頼を得て、部下たちを育て上げる――銀行員にとって、支店長はあこがれのポストである。ましてや、百戦錬磨の辣腕支店長ともなれば、雲の上の人。

だが、誰しも新任時代は苦労するもの。その苦労があってこそ、いぶし銀のような名支店長に成長する。今回は、初めて支店を任され汗まみれになりながらも、仲間と躍動的に奮闘している人物を追ってみた。

東京・新宿駅の近くに三菱ＵＦＪ銀行の新宿新都心支店がある。新宿駅から地下道でつながった立地の良さもあって、地下１階のＡＴＭコーナーには利用客がひっきりなしに訪れる。そんな大賑わいの店を任されているのが正岡秀臣氏（50歳）である。

色黒で精悍な雰囲気。スポーツマンのように日焼けした面立ちには理由がある。大きな店の長でありながら、正岡氏は自転車をこいで顧客回りする日々を送っているからだ。

「昨年（２０１８年）の夏は酷暑で大変でした。お客様のご自宅に10分立ち寄っている間にも停めてある自転車のサドルが熱々に焼けてしまった。自転車を降りると、汗がドーッと流れ出ます。初めて会っていただく方の中には、そんな姿に引いてしまうケースもあるので、しばらく近くのビルやコンビニの中で汗がひくのを待つこともあります。今までの最高距離ですか。そうですね、一昨年の暮れ、年末のあいさつ回りも兼ねて新宿から中野周辺をぐるりと回ったときでしょうか。おそらく、30㎞は走ったと思います」

電動とはいえ、自転車である。この運動量はすごい。趣味のマラソンで培った体力が下支えしているのだろう。それにしても、なぜ、自転車なのか。銀行の支店長といえば、憧れのポストの象徴でもある〝運転手付きの黒塗りの専用車〟で顧客回りという光景がすぐに思い浮かぶ。

「新宿新都心支店は、個人のお客様向けのリテール店舗です。いま、当行ではリテール店舗の場合、支店長車は数ヵ所で1台を共有するルールになっていて、私は水曜日しか利用できません。それで、どうしようかと思っていたら、店に4台の自転車が配置されていることがわかった。『私が1台、使っても構わないよね』と部下たちの了解を得て、以後、自転車のフル活用となりました。新宿周辺は渋滞がひどいので、車よりも自転車のほうがずっと便利なんですよ。それにお客様からは『えっ⁉ 支店長が自転車で来たの。暑いから、しばらく中で涼んでいけば？』とありがたい言葉をかけていただけます」

新米支店長の不安

理屈は理解できる。しかし、伝統的な支店長のイメージとはあまりにもかけ離れている。それもわが国トップバンクの支店長だ。自身が描いていた支店長像とは違うのではと尋ねると、「確かに」と明るい笑い声がかえってきた。でも、言葉とは裏腹に「そんなことはどうでもいい」と笑顔が語っている。

新宿新都心支店は総勢60名の大所帯である。このうち女性陣が55名と大半を占め、

30名が送金、届け出書類の変更などに対応する窓口などの業務に当たっている。というのも、来店客数は通常でも300人、多い日には400人にもなるほど店頭は大賑わい。開店時間帯は9時〜15時の6時間である。単純計算すると、10分間に9人ほどの来店があることになる。店頭は終日、大わらわである。

そんな大規模支店に正岡氏が着任したのは2016年9月。営業店の経験は入行時に銀座支店に配属されただけで、以後、企画部門など一貫して本部勤務だった。典型的な「本部エリート」である。

同支店への着任直前に横浜駅前支店で7ヵ月間、副支店長に就いたものの、これは現場復帰のための「リハビリ」だ。つまり、実質的には約20年ぶりの営業現場に人生初めての支店長として舞い戻ったことになる。

「半年間の横浜駅前支店は、いわゆる、待命ポストであり、副支店長と言っても人事権などはありません。したがって、部下たちは、なんでもホンネで話してくれました。支店長になっても、このような感じにしようと思いましたが、現実にはそれは容易ではありませんでした。なにしろ、支店長は人事権を持っている。みんな斟酌して接しますから。着任日が近づくにつれて、本当に支店長が務まるのかと不安になりました。引き継ぎを終えた翌日、初めての朝礼で正式に職員たちに話したのは、家族のようにやっていきたいので、いいことも悪いことも一緒に分かち合いたい。何でも言ってきてほしいと。恰好付けではなくて、本心からの呼びかけでした」

こうして、新米支店長の奮闘の日々が始まった。ファミリーのような風通しの良い店づくりという理想を実現するには、自分から職員に近づくしかなかった。

「支店長席は1階にありますが、訪問客に対応する窓口は地下1階です。従来、窓口業務の職員たちは支店長の検印が必要な際、そのつど1階まで持ってきてくれていました。これでは大変ですし、彼女たちの仕事ぶりがわからない。そこで、地下1階の窓口近くに検印箱を設置して、1時間程度はそこで仕事をしながら、みんな、どんな感じで仕事しているのか、あるいは、窓口で何か起きていないかと目を配って、その場で職員からの相談に乗れるようにしました。それで、今はいろいろと相談してもらえるようになりました」

顧客の家系図をつくり、顧客から〝宿題〟をもらう

新宿界隈という土地柄もあって、富裕層は少なくない。そのような富裕層や企業オ

ーナーなどに対して、7名の外訪部隊が編成されている。しかし、どう頑張っても、一日に面談できるのは5件前後である。

正岡氏が外訪担当者に指示しているのが、顧客の家系図づくりである。

「お客様からご家族のお話などをうかがって、ご本人を起点としてお子さん、お孫さんなどのご家族、さらにはご親戚など周縁までの家系図を作ってみると、その方が抱えている将来の事情が理解でき、その解決策のあり方まで考えることができます。たとえば、それが相続となれば、世代を超えてお付き合いをいただけるようになる。銀行本位の目先的なビジネスにとらわれず、長期にわたるお付き合いから生まれる取引こそ大切であるという認識を定着させることにもなります」

これは、本店営業本部でRM（リレーションシップ・マネージャー）と呼ばれる大企業取引を担当してきた経験の裏返しと言える発想である。

「法人取引は全体の80％ほどは、組織の論理で動く世界です。どんなに先方の担当者や部長さんが気に入ってくれても、最後はトップの考え方次第です。しかし、個人のお客様とのお付き合いはそうではありません。あくまでも、目の前にいらっしゃるその方といかにお付き合いできるかにかかっている。しかも、銀行の商品は残念ながら、銀行ごとの違いがあまりありません。結局、商品を売るという発想は成り立たないということです。では、何をするのか。徹底的にお客様のためになることを考えて提案していくのです」

説得力のある話である。確かに、銀行の商品はどこも似たり寄ったりだし、金利面でも微細な違いしかないのが実情だ。それで勝負するという話ではない。そうしたなかで、正岡氏が担当者たちに求めているのは「とにかく、〝宿題〟をもらってほしい」ということである。

「お客様が抱えた案件は様々ですが、大きなものほど複雑で解決が難解だし、あるいは、お客様の思いや要望が尽きないものです。自ずと、最後まで仕上げていくまでには相当な時間を要します。お伺いするたびに、色々なことを求められます。それに対して、担当者は決して諦めないで頑張り続けて、きちんとお客様のためになるように仕上げないといけません。つまり、お客様から気軽に相談されることが何よりも大切です。だから、〝宿題〟をもらってなんぼ、という話なのです」

その一例と言えるのが、資産家である高齢女性との深い関係である。

「その方には歴代の支店長、担当者がお付き合い願ってきたのです。新宿界隈に相当規模の不動産を所有されています」

新宿界隈は日本有数の商業地であり、その不動産価格はきわめて高い。大変な資産家である。

「ところが、もう大変なご高齢であり、しかも、独身でいらっしゃる。直系の相続人はもういらっしゃらず、遠い親族を相続人とする遺言を書いていらっしゃいます。ところが、その相続人の方は、大変な金額となる資産の相続税を支払うだけの資力はありません。それは歴代の担当者が理解し、悩んできたことでした。そこで、前任の担当者と現在の担当者が一生懸命になって、その方と相続人の方のためになるような解決策を考えてご提案し続けました。結局、不動産を売却しキャッシュ化するところから始めて、ようやく、メドがついてきました。お客様には大変に喜んでいただいています。これは何代にも担当者が懸命に努力をして、お客様の信頼を得た結果と言えます。とてもうれしい出来事ですね」

スタッフとは交換日誌で距離を縮める

銀行の営業現場、なかでも内勤の世界は、正社員たちだけで構成されているわけではない。スタッフと呼ばれる契約社員の職員がいないと日々の業務は成り立たない。

同支店も30名ほどがスタッフ職員である。こちらが何もしなければ、彼女たちとの距離も縮まらない。そこで工夫したことがある。

「スタッフの皆さんに毎日、日誌を書いてもらっています。悩みや気が付いたことなど、前向き、後ろ向き、何でもけっこう。ご家族とこんなことがあったという話でも構わない。『1行でも2行でもいいから、何でも書いてください』と呼びかけ続けました。それを私と次長、担当行員で読んで、こちらから伝えたいメッセージを書き込むようにしています。そう、交換日誌のような感じです。読んでいると、日常ではわからないことに気付かされる。とても大事なものです」

とにかく、職員たちのふとした仕草も見逃さないようにしている。しかも、一般的な支店長イメージと言える、居丈高に上から目線で話すという感じはまったくない。同じ目線の高さや、むしろ、目線を低くして職員たちを見守っているという雰囲気である。そこには、すべての職員に自分を理解してもらいたいという正岡氏の思いが滲み出ているように見える。

「もちろん顔を合わせれば、あいさつ。毎日、私から何かしらの声かけをするようにしています。とにかく、みなさんのことを私はよく見ていますよ、と。一人ひとり、今日、どんな状況にいるのか。それをきちんと把握しておくことが大事です。エレベーターの中で居合わせたら、自然と今日は顔色が悪いな、咳をしているなとか考えます。マスクをしていたら『体調、崩したのか？』、手に絆創膏をしていたら『書類で指を切っちゃったの？』と、尋ねる。とにかく、日頃のちょっとした変化を見逃さないようにと考えていますね。職員が気持ちよく、不安なく悩みなく仕事をしてもらえるかどうか。これがとても大切ですから。そこが支店長2年間での最大の勉強になっていることかもしれません」

支店長はしょせん、本部の言いなり？

着任から2年3ヵ月が過ぎて、正岡氏と職員たちの距離は着実に縮まっている。だが、そこまで行き着くには山あり、谷ありだった。

最大の試練は着任半年後に訪れた。

「みんなの気持ちを同じ方向に向けることが大切であると思って、本部が設定する目標や方針について『うちの店ではこうしよう』と、全員が腹落ちできるように伝えて、自分でも動いていたつもりでした。しかしあるとき、中堅クラスの職員から『支店長はしょせん、本部の言いなりなのですね』と、言われてしまいました。まるで私が自分の点数稼ぎのためにやっていると言わんばかり。もちろん、そんなつもりは微塵もないにもかかわらず、です。この言葉は、本当にこたえました」

同じ銀行の職員といえども、本部の企画部門や本店営業部という華やかなキャリアを積んできた。少なくとも、現場職員からはそう見られがちだ。いわば、別世界の人。

そんな本部エリートの典型のような人が突然、支店にやってきて、現場の我々と同じ思いで働けるのか。そう言われたら身も蓋もない。

半信半疑になるのも不思議ではないが、なにしろ、本人は着任半年の新米である。強烈な「洗礼」だった。

「いまになって振り返ると、あのとき、自分は試されたのだとも思います。口先だけではなく、お前は本当にお客様のため、支店職員たちのために働けるのかと。当時は本当に参りました。正直なところ、悩み続けて髪の毛が部分的に抜け落ちてしまったほどです。支店のみなさんには心配をかけることはできないので隠しましたが、妻には随分と心配をかけてしまった」

確かに、辛かったにちがいない。だが、正岡氏はその洗礼を乗りこえて行かねばならない。もしかしたら、その経験が自転車のペダルを踏み込む強さにつながっているのだろうか。

正岡氏が支店内にいる時間は限られている。地下で1時間ほど書類をチェックし、日誌にコメントを書き入れれば、すぐに顧客回り。昼に帰店して事務処理すれば、再び、自転車にまたがる。おもに訪問しているのは外訪部隊の7人の職員たちが苦闘している新規開拓先である。

「取引できないというか、なかなかお会いしていただくこともできない方々です。そのような方々のもとを訪れて、お会いできなくても名刺を置いてきます。私には75日説という持論があります。ほら、『人の噂も75日』というでしょ、あれです。人間は75日、会わないと忘れ去られてしまう。したがって、必ず、75日は日を開けずにお客様になっていただきたい方のところに顔を出すようにしているし、部下たちにもそう説いています。そうすると、50人に2～3人くらいは『わざわざ支店長が来てくれたのですね』とお電話を下さり、糸口ができるようになる。ありがたい話です」

職員の信頼を失わないためのコツ

正岡氏は絶えず、小さい手帳を携えている。ページを開くと、几帳面そうな小さい文字でびっしりと埋まっている。

「毎日、朝礼などの場で職員に話したこと、あるいは、話そうと思っていることはすべて書き込んでいます。気になることも書き込みます。書き続けた内容をチェックしていると、自然と自分がブレなくなりますから」

ブレれば、職員たちからの信頼を失いかねない。それは正岡氏にとっては致命的である。

「私にとって、この手帳は命より大事です。そして、書き込む余地がなくなって新たな手帳に買い替えると、必ず、初めのページには『明るく、粘り強く、志高く、腰は低く』という自身のモットーを書き込んでいます」

これは着任初日の朝礼で職員全員の前で語った言葉でもある。自身、明るく、粘り強く、そして志を高くして、ひたすら自転車をこいでいる。

そうしていると、いずれ、難攻不落の相手も胸襟を開いてくれる――そんなとき正岡氏の脳裏には入社3年目に新規開拓の外回りをしていたころのある日の出来事が鮮明に蘇る。当時は自転車もあてがわれず、ひたすら歩き続けていた。訪問先に相手にもされず、空振りの日々。ようやく初めての取引に出会えたのは、外訪活動を始めて4ヵ月目のことだった。ある企業から1億円の融資案件を獲得できた。

「先方の財務部長さんが私の提案に乗ってくれましたが、案の定、『社長の了解が得られなければダメだよ』と。じつは、私はその会社の社長とは会ったことがありませんでした。そこで、私が『いつ、社長さんに会えるでしょうか』と尋ねると、『いつとは言えないが、朝の出社時間はわかるよ』と教えられ、それは8時30分でした。要するに、アポなしで出社の際の社長を迎えて、そこで了解を得よ、というアドバイスです。そこで朝、待ち構えていたのですが、悲しいことに、どの方が社長なのか分からなかった。すると、財務部長さんが待っていてくれて、『あの人が社長だ』と教えてくれました。ワーッと直談判して、なんとか了解をいただきました」

外訪経験が浅く、大きな成功体験もなかった銀行員にとって、これは劇的であり、人情が心に染み込むような出来事だったにちがいない。

「この日のことは生涯忘れませんし、お客様への感謝の気持ちは消えません。ゼロが

1に変わった瞬間でしたから」

その体験は宝物だと言う。いま、支店長としても、ゼロを1に転換しつつある。新宿界隈の街々を自転車で走り抜け、職員たちに目を向けながら自らが現場の一員であることを立証する。新米支店長の挑戦の日々は続いている。

（2019年5月より自由が丘兼自由が丘駅前支店長）

12 一人一冊!「部下別ノート」を作る理由

三井住友銀行 リテール部門統括責任役員補佐(東日本) 右田耕司

35年現場一筋の意地

部下を一人前の銀行員に育て上げ、見事な融資で苦境にある企業を救い、疲弊する地域経済の支えとなり、住民からも慕われる――銀行の営業現場で長らく語り継がれてきた「伝説の支店長」像というのは、こんな具合だ。支店長は若手行員たちの憧れの的でもあった。

しかし、いま、「伝説」は薄れかかってしまっている。フィンテック・ベンチャーという新手のライバルが登場して銀行のビジネス領域を脅かすようになるや、目先の利益ばかりが優先されがちになったからである。だが、経営環境が厳しさを増したいまも、名支店長は存在する。

右田耕司氏（55歳）。いまは三井住友銀行の重責にある。リテール部門の現場を束ねるナンバー2として、彼の下に東日本地域の支店長たちがズラリと控える。

もっとも、そんな肩書だけではこの人物は評価できない。彼こそ三井住友が誇る「叩き上げバンカー」の雄なのだ。これまで、支店長3ヵ店、支店よりも広域を担当するブロック部長2拠点、さらにエリア支店長も勤め上げた。長らく銀行業界を取材しているが、合計6拠点のトップを歴任した銀行員など、めったに聞いたことがない。

「18歳で入行して以来、2016年に初めて本部に異動するまでの35年間、一貫して現場にいました。私は高卒採用組です。古い時代の珍しい生き残りみたいなものですね。1981年に大分県の竹田高校を卒業し、旧三井銀行に就職しました。入行店は東京の目黒支店。営業現場では札勘（紙幣の勘定）が速い人が優秀と言われた時代です。それから、飛び込み営業の新規顧客獲得や貸付業務もしたし、案内係として支店のロビーに立ったこともあります。営業現場の仕事はすべてを経験しました」

右田氏が入行した三井銀行は太陽神戸銀行との合併でさくら銀行となり、さらに2001年4月1日、住友銀行との経営統合で三井住友銀行となった。その間、銀行業界は金融自由化でビジネスが激変し、バブル経済の盛衰とともに危機的な事態にも直面した。まさに激動の35年を営業現場で実感してきた右田氏だが、来し方を次のように振り返る。

「私にとって合併はフェイバーだったのかもしれません。護送船団で横並びの時代が終わって現場力のある人間が必要になってきたからです。そうではなくて、かつてのように支店長たるもの、大きな椅子にドーンと座って威厳を保つだけでいいという時代が続いていたら、現場力は重視されず、私などはとうに銀行からいなくなっていたでしょう」

つまり、本当のビジネスの時代への変化こそが、右田氏のような人物を押し上げたということである。彼が語る「生き残り」という言葉からは、大卒エリートがひしめき合う職場をサバイブしてきたという深い感慨、意地が伝わってくる。

「支店長として、私が他の人よりも多少なりとも良い点があるとすれば、それは営業現場のあらゆる仕事を経験してきたからかもしれません。様々な経験を積んできましたので、つらい仕事をしている職員の気持ちは手に取るようにわかります」

自らを誇らない謙虚な人柄である。しかし、長い現場人生は起伏に富んでいたにちがいない。そう尋ねると「若いころは、新規顧客の開拓を命じられ、夜、訪問して

『何時だと思ってるんだ』と水をかけられたりしたこともありました」と微笑を浮かべる。

「俺が若いころは……」は通用しない

なかでも、つらかった出来事がある。遠くを眺めるような眼差しで語る右田氏の表情から笑みが消えた。

「1990年代の半ば、零細企業が集積する東京・下町の地域で課長代理をしていたころ。ちょうど、バブルが崩壊し企業倒産が続出していた時代です。貸金の回収という後ろ向きの仕事に追われながら、頑張っておられる取引先の零細企業のお手伝いをし続けていました。取引先が資金繰りで困ると、懸命になって追加融資の稟議書を書き続けるという日々でした。ある社長夫婦に『頑張りましょう』と激励していたのですが、同僚が『あの会社の前を通ったら、張り紙がしてあったぞ』というのです。慌てて行ってみたら『あとは弁護士と話してください』と書き残してありました。前日、いつものように電話で話していたのです。ところが、事務所も家ももぬけの殻でした。路上で立ちすくんでしまいました」

夜逃げだった。なぜ、もっと相談してくれなかったのか――。しょせん、銀行員のパワーはこの程度しかないのだなと実感した。

「帰宅し床に入って、そのまま、朝が来なければいいのにと思ったものでした。それでも不思議なことに、この時も含めて、銀行を辞めたいと思ったことは一度もありませんでした」

おそらく、18歳で意を決して東京に出てきた右田氏にとって、転職というような選択肢はなかったのだろう。

若手行員たちに語り続けてきた「向き不向きよりも前向き」というモットーも、右田氏の銀行員人生が培ったと言える。要するに、酸いも甘いも嚙み分ける支店長なのだ。

改めて「支店長の条件」を聞くと、想定外の答えが返ってきた。

「支店長はかくあるべしと大上段に構えていてはダメでしょう。定型などないからです。職場ではしばしば若手職員たちに『進化せよ、成長せよ』と説きますが、最も進化し続けないと務まらないのが支店長です。進化せずに、『これが俺のやり方だ』『俺が若いころは、こうやってきたのだ』などと言っているのはダメですね。陳腐化してしまいますから。お客様、さらには地域社会、あるいは、部下たちに求められる支店長像へと自分をつねに進化させていく。つまり、適応能力が高い人が生き残る。

それから、やはり、経験です。支店長は、本部が策定した各種のマニュアルに盛り込まれていない難しい問題に対して判断を下さなければなりません。誰も判断できないから、支店長に相談してくるわけです。そのためには、瞬時の判断能力と、いわゆる危険予知能力のようなものが必要となります。これらもすべて経験で鍛え上げられます」

支店長一人では何もできない

現場の人、右田氏ならではの説得力がある。銀行はつねに、この現場の皮膚感覚に支えられてきたと言ってもいい。実際、右田氏は時代の変化をつねに意識してきた。

「昔はどぶ板を踏むということが大切でした。つまり、とにかく、飛び込みであいさつ回りするような営業です。しかし、今は、ワンチャンスをものにできるかが問われている。しかも、お客様のニーズは格段に多様化しています。中小企業のオーナー社長で悠長に構えている方などいません。みなさん多忙を極めている。そうしたなかで会っていただけるワンチャンスのようなタイミングで、お客様にインパクトがあるかどうかが決め手となります。それがなくて、ワンチャンスを逃してしまうと、もはや、取り返しがつかないというくらいに厳しい。

そこで、私は若手職員たちには『ありとあらゆる想定をして準備万端でお客様のもとに行くように』と話しています。どんな要求や相談などがあっても大丈夫なくらいの感じですね。それでも想定外のことは起きるものです。そこは、もうアドリブで対応していくしかない。とにかく、動揺しているようにはみせないことです。見透かされた瞬間、お客さまからは『頼りないな』と判断されてしまいます。一事が万事、そのように真剣に勝負していかないと、おそらく、自分の実力も向上しないし、成長もないのでしょう。しかし、若手職員は何を準備してよいのかが分からないので、それを教えてあげる先輩や上司が必要なのですよ。そこで、瞬時に判断できるような支店長が必要になるわけです」

銀行本位ではない発想で、やはり、説得力のある話である。それでは、支店運営の要諦はどうなのか。

「結局、支店長は一人では何もできません。一人の能力など大したものではない。支店の全員が一致団結できるかどうかがすべてです。そのためにも、支店長は一人ひとりの職員に対して興味を持つことです。断っておきますが、その子が出してくる仕事の成果に興味を持つという意味ではありません。その子自身に興味を持つのです」

一人一冊の「部下別ノート」

そのために、右田氏は独特の方式を編み出して実践してきた。それは部下別のノートである。つまり、部下の数だけノートがあり、一人ひとりについて、ことあるごとに記録してきた。

「面接などをするたびに、その子が持っている価値観や適性などを記していきます。また家庭環境なども話してくれたことを書いていきます。そうすると、たとえば、母子家庭で育った子は、とても母親に対する思いが強くて、仕事も頑張れる子が多いことがわかります。また、長男、長女は我慢強いけど、その一方では慎重すぎるなどの傾向が出てきます。そのほか、好み、趣味なども記録していきます」

確かに、記録していけば、一人ひとりへの関心は尽きないだろう。だが、果たして、支店長面接のようなオフィシャルの場で、部下たちはホンネを吐露するものなのか。

「それは難しいですね。職員にすれば、面接はしょせん、支店長相手の会話ですから、当然、忖度もあるし、型にはまった答えになりがちです。そこで、私が重視しているのが周辺情報です。たとえば、仲の良い同僚とか、あるいは、支店に出入りしている保険会社やアセットマネジメント会社の担当者に『あの子と話していて、最近はどんな感じ？』などと尋ねます。そうすると、私に見せているのとは違った姿が見えてきます。銀行ＯＢに会った際の対応の仕方なども、ＯＢから聞くようにしています」

諸方面から情報を集めてから面接するにしても、十分に気を付けなければならないことがある。

「面接に関して支店長が絶対に犯してはならないのは、以前話した内容を忘れてしまうことです。これは厳禁です。支店長は一人なので、面接を『一人対多数』と勘違いしがちですが、部下とすれば、あくまでも『一対一』です。それにもかかわらず、『あれほど話したのに、支店長は覚えていないのだ』となれば、その瞬間に信頼関係が崩れます。つまり、面接は一人ひとりのオーダーメイドでないといけない。一昔前、支店長と、その他大勢という感覚で、仕事のやりかたも『支店長が命じたから』で終わっていましたが、いま、それでは支店は成り立たないのです」

これもまた、支店長に求められる進化である。

自分のファンをつくれ

しかし、その一方では、変わらぬ世界もある。たとえば、顧客とのあいだに築かれた信頼関係の重要性である。それを積み重ねてきたのが右田氏にほかならない。彼は「自分のファンを作ることが銀行のファンを作ること」と部下たちに説き続けている。

「私が初めて支店長になったのは40歳のときです。支店長公募制度に応じたのですが、任されたのは大阪の天下茶屋支店でした。そのエリアに難攻不落と言われてきた開業医の方がいて、支店長の私が通い続けました。そして、取引が始まって、最後は相続絡みの相談までしていただけるようになりました。異動の際にあいさつに行くと、その方は『本当に世話になった。あんたみたいな人がえらくなる銀行だったら、一生付き合ってあげてもええわ』と言ってくれました」

それだけでも銀行員冥利に尽きるエピソードだが、この話には後日談がある。

「それから十数年後、役員のひとつ手前の役席である理事に昇格し、久しぶりにごあいさつに伺ったのです。そうしたら、この方は『ホンマにえらなったんやな！』と喜んでくださり、『あんたの会社の株を今から買うわ』とまで言ってくださいました」

まさに、自分のファンが銀行のファンになるというエピソードである。

入行3ヵ店目に東京・市ヶ谷で新店舗開設の顧客開拓に走り回っていたころの顧客とも、理事就任後に再会している。

「とても苦労した時期のことです。なにしろ、朝から夜遅くまで一日に200件から300件も飛び込み営業するのですが、ほとんどは空振りという毎日です。そのとき、ある有名企業の役員の方が1万円で預金口座を開設してくださいました。それからお付き合いが続いて、異動で市ヶ谷支店を出るときまでに預金残高を30億円にしていただきました。それから年賀状のごあいさつだけだったのですが、私が理事に就任した際、支店長を伴って表敬訪問しました。ご主人は90歳で亡くなっていましたが、奥様とお嬢さん夫婦がおられて、26年ぶりだったにもかかわらず、奥様が私の顔をみるなり『右田君、久しぶり！』と喜んでくださいました。『右田君、変わっていないねえ』と言われ、私も『奥様も』と言葉を返したのですが、そのあとは感慨で言葉が出なかったですよ」

じつは、かつての30億円の預金残高はその後、相当減り続けていることを右田氏はわかっていた。

「奥様によると、『主人は右田君が異動してから、右田君以上の銀行員は来ないなあ。右田君以上の銀行員が来たら、また、付き合うのに、と言っていました』と。そこで私は『だから、また、私が来ましたよ』と言って、みんなで大笑いしたものです」

ちなみに、市ヶ谷にいたのは、右田氏が入行7〜8年目という時期である。年齢は20代半ばにすぎない。なぜこれほど顧客に愛されたのかといえば、やはり愚直なほど顧客本位に徹し、堅実に信頼関係を培ってきたからだろう。

「私は長年の銀行員人生の中で、問題視されるような貸金をしたこともないし、リスキーな運用商品で迷惑をかけるようなこともしたことがありません。お客様から数十億円の運用を任されて、あいにく、後年、リーマンショックで数千万円の損が出てしまった際、お客様は『右田さんがいろいろと問題を解決してくれたことを思えば、それは安いものだ』と言ってくださったと聞きました。これは、銀行員として、本当に名誉なことです」

自分の親にも同じことができるか？

ここ数年、銀行業界には、顧客本位の業務運営が問われている。裏返せば、現実には銀行の都合を優先してきたという批判である。だが、名だたる支店長たちは知っている——顧客本位に徹して、顧客から絶対的な信頼を勝ち取れば、ノルマ達成などは容易なこと。銀行本位の発想など必要なくなるのだ。それをいみじくも、右田氏の言が言い表している。

「時代がいかに変わろうとも、やはり、銀行員は自分のファンをどれだけ作っていけるのかが問われています。そうしたなかで、支店長は業績という結果を出さないといけないわけです。これはとても難しいことです。というのも、たんに数字を作ればいいというものではないからです。数字だけを作ればいいというのであれば、誰でもできるでしょう。しかし、そうではない。まっとうに、一緒に過ごしてきたお客様から『君が支店長でいてくれて、本当に良かった』という言葉の上にある実績でなければいけないのです。もちろん、私は運がよかったのだと思います。しかし、少なくとも、お客様に迷惑を掛けたくないと思い続けて、それを実現してきました。ところが、えてして、『お客様のため』と言いながら、実際には銀行員自身のためということがあります。たとえば、『節税になります』と説明して、高齢者の未亡人などにおカネを貸すことはどうなのか。自分の親にも、同じことをするのでしょうか。絶えず、じつは自分に都合がいいという判断をしていないかどうかを自分に問うよう、私は心掛けてきましたし、支店長、そして、銀行員はそうすべきであると思っています。とにかく、いいお客様と出会う、あるいはいい出会いにするというのは、自分次第ですから」

そして、すべての改革の原点は、顧客の息遣いまでわかるような営業現場である。

右田氏は言う。

「私は厳しい支店長だったと思います。だが、目標に対する実績が低いということで叱ったことはない。しかし、頑張らなかったり、嘘でごまかそうとしたりすれば叱りました。ただし、叱るときには愛がないといけません。そして、支店長は、不安を抱き、迷う職員たちの前で『大丈夫、大丈夫』と語って元気で明るく立っていればいい。そうすれば、厳しくても信頼される支店長になり、支店も良くなります」

海外の話になるが、世界に冠たる銀行ＪＰモルガンにも不調の時代があった。１９８０年代である。そのとき、会長へと上り詰めて改革を断行し、見事にＪＰモルガンを蘇らせたのが故デニス・ウェザーストーン氏だった。彼はイギリスの労働者階級に生まれ、高卒でＪＰモルガンのロンドン拠点に入社。メッセンジャーボーイからの出発だった。あらゆる業務を経験し、様々な顧客を魅了し続けて、最後は何を改革すればよいかがわかる存在になっていた。

右田氏の銀行員人生はウェザーストーンの姿と重なる。銀行にとって現場は宝物であり、自らの将来を決する原点だ。伝説の支店長たちは、こうしていまも現場に立ち続けている。

おわりに

過去の遺物と化したイメージ

銀行員が身内にいない限り、一般的にその実像はわかりにくい。したがって、イメージ先行で語られがちである。結果として、その多くは冷徹、エリート臭いというような類の話に落ち着きやすい。言うなれば、普通の勤労者とは異なる仕事の人たちという感じである。

営業現場で働く銀行員にとって、頂点のような存在が支店長だ。頭取などの役員たちは一年に一度あるかどうかの営業店訪問の際に挨拶を交わす程度の、非日常的な存在でしかない。やはり、見上げるトップは支店長である。

では、支店長の一般的なイメージはどのようなものなのか。重厚な店舗の一番奥にある支店長室にデンと構えていて、めったに笑ったりはしない。クールそのものと言える人柄であり、周囲を威圧する雰囲気を漂わせている。平社員の銀行員と世間話することなどはほとんどなく、取引先企業の社長を部屋に招いたり、取引先企業に出向いたりして、重要な話し合いをしている。何か、その周辺は秘密に満ちている——。

そんな支店長を巡って、かつての銀行の現業現場では「伝説の支店長」が語り継がれてきた歴史がある。取引先企業の苦境を一存で決断し助けたといった胆力のある辣腕バンカーの物語である。これは銀行員が心の中に秘めている自身の理想の姿でもあった。理想の姿だからこそ、憧れとともに話は語り継がれて伝説となっていた。

それとはまったく異なる次元において、「鬼の支店長」と恐れられる人物もいた。泣く子すらも黙らせるコワモテ支店長である。高度経済成長期における猛烈社員の生き残り的なタイプであり、いわゆる「数字の鬼」とも言われる。数字とは営業目標である。「営業目標必達」のムードで支店、支社内はピリピリと張りつめ、営業担当者は日々の数字の達成に追われ続けた。こちらのケースは、伝説とはならず、恐怖の物語として語られてきた。

選別する立場から選別される立場へ

支店長室にデンと構えて、一般銀行員すらめったに顔を合わすことがないという支店長像は、銀行が最も輝いていた高度経済成長期における銀行支店長の姿にほかならない。取引先企業の社長までもが、銀行支店長に一目を置かざるを得なかった時代の話である。

当時、銀行は規制金利体系下に置かれ、貸出金利も預金金利も実質的に政府が決定し、一定幅の利ザヤが確保されていた。企業はつねに資金不足状態で、必要資金を調達できる先は銀行に限られていた。支店長は規模の大きい資金需要先の企業の社長の説明を聞いて、借入の申し入れに対して「イエス」「ノー」という是非の回答をすればよかった。あるいは、「イエス」のために様々な忠告、アドバイスといった〝条件〟を伝えておけば、よほどの難題でない限り、取引先企業の社長はそれを呑まざるをえなかった。

だが、そんな時代の幕が下りて久しい。いまや企業の資金需要は乏しく、銀行の利ザヤは急速に失われている。企業はおカネが必要になれば、最も条件の良い銀行を選べばよい。銀行は顧客に選別される立場に変わったのだ。それどころか、企業の資金調達先は多様化した。いまや、ネット上で資金調達するクラウドファンディングやソーシャルレンディングといった手法も登場してきている。

アナログの重要性

激変したのは経営環境だけではない。銀行の職場を律する社内規定は従来以上に精緻化した。金融庁が導入した「金融検査マニュアル」を踏まえて銀行の本部が策定した機械的な企業評価が徹底され、支店長が独断で采配を振るえる余地はきわめて乏しくなってしまった。現場の恣意性が排除されたともいえるが、そのぶん、伝説を生む土壌は失われたことにもなる。

また、これは銀行に限らないが、あらゆる企業の職場でパワーハラスメント等々、職場の上司と部下の間合いの取り方が難しくなっている。叱り方を間違えると、パワハラとして訴えられるリスクがある。かつてであれば、仕事をさぼった若手社員に「もう出社しなくてもいい」などと叱り飛ばせたが、いまはその言葉によって、支店長のクビが飛ぶ時代だ。

労働力不足を背景とする、明らかな売り手市場となった就職事情も影を落としている。「今の若者は昔と違う」「最近の若者は……」といった言葉はいつの時代も目上の世代が口にしてきた常套句ではあるが、仕事や職場に対する執着等々がここ5年間でずいぶん変わってきている。少なくとも、表面上、そのように見える若者たちが続々と銀行に入社し、世代間ギャップが広がり、深まっている。

つまり、近年、未曾有といえるほどの重層的な変化の渦に巻き込まれているのが、銀行の職場なのである。果たして、様々な変化が起きている真っただ中にあって、いま、支店長という役職を過去と同様に語れるのか。いま、支店長という役職を担っているのはどのような人たちであり、どのような思いで業務に当たっているのか。

そんな興味を抱きながら、12人の現職支店長、あるいは支店長経験者に取材し、現実の姿を追ってみた。そこから見えてきたものは何だったのか。結論を急げば、こういうことになる。

当然のことながら、すべての人たちが生身の人間だった。喜怒哀楽にみちていた。一般的に抱かれがちなイメージである〝クールの権化〟というような雰囲気はまったくなく、むしろ、個性豊かな人間臭い人たちばかりである。これは、ベテランになるほどそうであり、銀行が一糸乱れないような官僚組織的な企業と言えるなかでは、異彩を放つといえるほど個性に溢れていた。そして、ベテラン支店長ほど組織運営に「自分流」を貫いていることがみえてきた。

いま、デジタル化が進展しようとしているなかで、人からＡＩロボットに変わり、有人店舗が消えていくといった未来が語られがちである。「もう銀行はいらない」といった極論が出てくるなど、周囲の声も喧しい。

だが、今日も銀行の現場には、新たな問題を抱えた顧客が訪れ、銀行員という生身の人間の親身なアドバイスを求めている。AIやデジタライゼーションはツールに過ぎず、それらが進化すればするほど、現場ではむしろ無機質なものよりも、人ならではの温かさや心情が求められるようになるのではないか。銀行もその例外ではない。これからの銀行員にとって、むしろアナログ的な要素の重要性が増すと換言してもいい。

そのことを営業現場の第一線に立って、若手銀行員たちに対して言葉で語り、背中で見せて、心で教えているのが、本書で紹介した辣腕支店長たちである。若い銀行員に愛情あふれる眼差しを向け、顧客からの信頼を集めている。新たな時代の銀行員のモデルになってもおかしくないような伝説の支店長たちがいま、この国には厳然として存在しているのである。若手銀行員にとって彼らこそ「新たな時代のバンカー」に向かう道程の道標にちがいない。

講談社現代新書　2534

ザ・ネクストバンカー　次世代《じせだい》の銀行員《ぎんこういん》のかたち

二〇一九年八月二〇日第一刷発行

著者　浪川《なみかわ》　攻《おさむ》　

発行者　渡瀬昌彦
発行所　株式会社講談社
東京都文京区音羽二丁目一二—二一　郵便番号一一二—八〇〇一
電話　〇三—五三九五—三五二一　編集（現代新書）
〇三—五三九五—四四一五　販売
〇三—五三九五—三六一五　業務
装幀者　中島英樹
印刷所　凸版印刷株式会社
製本所　株式会社国宝社
定価はカバーに表示してあります　Printed in Japan

N.D.C. 338　221p　18cm
ISBN978-4-06-516849-3

「講談社現代新書」の刊行にあたって

教養は万人が身をもって養い創造すべきものであって、一部の専門家の占有物として、ただ一方的に人々の手もとに配布され伝達されうるものではありません。

しかし、不幸にしてわが国の現状では、教養の重要な養いとなるべき書物は、ほとんど講壇からの天下りや単なる解説に終始し、知識技術を真剣に希求する青少年・学生・一般民衆の根本的な疑問や興味は、けっして十分に答えられ、解きほぐされ、手引きされることがありません。万人の内奥から発した真正の教養への芽ばえが、こうして放置され、むなしく滅びさる運命にゆだねられているのです。

このことは、中・高校だけで教育をおわる人々の成長をはばんでいるだけでなく、大学に進んだり、インテリと目されたりする人々の精神力の健康さえもむしばみ、わが国の文化の実質をまことに脆弱なものにしています。単なる博識以上の根強い思索力・判断力、および確かな技術にささえられた教養を必要とする日本の将来にとって、これは真剣に憂慮されなければならない事態であるといわなければなりません。

わたしたちの「講談社現代新書」は、この事態の克服を意図して計画されたものです。これによってわたしたちは、講壇からの天下りでもなく、単なる解説書でもない、もっぱら万人の魂に生ずる初発的かつ根本的な問題をとらえ、掘り起こし、手引きし、しかも最新の知識への展望を万人に確立させる書物を、新しく世の中に送り出したいと念願しています。

わたしたちは、創業以来民衆を対象とする啓蒙の仕事に専心してきた講談社にとって、これこそもっともふさわしい課題であり、伝統ある出版社としての義務でもあると考えているのです。

一九六四年四月　野間省一